EL PARAÍSO
ES TU CASA

EL PARAÍSO ES TU CASA

Diana Quan

Escrito en colaboración con Francesc Miralles

VERGARA

El paraíso es tu casa

Primera edición en España: septiembre, 2017
Primera edición en México: febrero, 2018

D. R. © 2017, Diana Quan

D. R. © 2017, Sipan Barcelona Network S.L.
Travessera de Gràcia, 47-49, 08021, Barcelona
Sipan Barcelona Network S.L. es una empresa
del grupo Penguin Random House Grupo Editorial, S. A. U.

D. R. © 2018, derechos de edición mundiales en lengua castellana:
Penguin Random House Grupo Editorial, S. A. de C. V.
Blvd. Miguel de Cervantes Saavedra núm. 301, 1er piso,
colonia Granada, delegación Miguel Hidalgo, C. P. 11520,
Ciudad de México

www.megustaleer.com.mx

ISBN: 978-607-529-452-0

Impreso en México – *Printed in Mexico*

El papel utilizado para la impresión de este libro ha sido fabricado a partir de madera procedente
de bosques y plantaciones gestionadas con los más altos estándares ambientales, garantizando
una explotación de los recursos sostenible con el medio ambiente y beneficiosa para las personas.

Penguin
Random House
Grupo Editorial

Como en casa no se está en ningún sitio.

L. FRANK BAUM,
El maravilloso mago de Oz

Introducción

Nuestra casa, un reflejo de nosotros mismos

No hay nada como el hogar, y es que se trata del espacio donde nacemos y en el que desarrollamos nuestras actividades vitales. También es una extensión de nuestro cuerpo y de nuestra alma, de todo aquello que anhelamos más íntimamente y muchas veces de cómo nos mostramos frente a un entorno inmediato.

Cuando entramos en casa de alguien a quien no conocemos, en seguida descubrimos, en los objetos que se exponen ante nuestra mirada de visitante, una parte muy destacada de su personalidad. Son pistas que pueden dejarse de manera consciente o inconsciente, pero que transmiten parte de la esencia de quienes habitan ese espacio.

El estilo ordenado y el desordenado, el del tímido o el del que necesita mostrar su espíritu barroco, aquel que confía en la tecnología y el que ha sabido integrar los elementos naturales en su entorno, el metódico y el obsesivo-compulsivo, el del austero Todo un universo tan lleno de posibilidades como personas hay en el mundo. Y estas muestras de cómo son los habitantes de cada vivienda pueden verse tanto en los hogares más humildes como en aquellos más suntuosos.

De nosotros depende cómo queremos que sea nuestro hogar. Y si bien es cierto que inevitablemente lo construimos como una manifestación de nuestra personalidad, también es verdad que con una adecuada preparación, una estrategia con los objetivos claros, tenacidad, rigor y buena voluntad, podemos cambiar el estilo del lugar donde vivimos cuando queramos. Y, al mismo tiempo, nos cambiaremos también un poco a nosotros mismos. De hecho, no hay ninguna transformación que hagamos en nuestro entorno que no nos afecte directamente, así como a nuestras actividades del día a día.

Este libro habla precisamente de todo esto y de mucho más. Concebido como una guía con múltiples ideas para activar los mecanismos que nos permiten ser creativos, el lector encontrará en él:

- Información para saber lo que nuestro hogar dice de nosotros.
- Orientación sobre los cambios que podemos hacer para transformar nuestra vivienda de cara al bienestar.
- Características de cada estancia para saber cuáles generan vitalidad, cuáles relax y cuáles concentración e inspiración.

- Consejos para poder sanar o mejorar nuestro estado de ánimo a través de nuestra casa, con elementos tan sencillos como la luz, las plantas y los colores.
- Técnicas para conseguir llenar de positividad nuestra vivienda y para detectar si tiene malas energías.
- Detalles prácticos sobre los mejores materiales para crear un hogar saludable y placentero.
- Ideas para conseguir que en nuestra casa reine siempre la armonía y la tranquilidad.

CÓMO CONSTRUIR UN PARAÍSO A TRAVÉS DE LA SÍNTESIS CULTURAL

Aprovechando la sabiduría que emana de la tradición oriental, tanto china como japonesa, y la incorporación de numerosos consejos y estrategias que la cultura occidental nos ha legado, convertir nuestra casa en un paraíso es mucho más fácil de lo que pueda parecernos al principio.

Vivimos en tiempos de mucho ruido sensorial, provocado porque habitamos, trabajamos y nos desplazamos en grandes ciudades tumultuosas. Además, estamos interconectados permanentemente a realidades virtuales estresantes, hasta el punto que nos absorben y nos dejan poco tiempo para sentirnos en conexión con lo más directo y natural, como sería lógico por nuestra condición de seres humanos. Y es que parecemos olvidar que somos fruto de un entorno biológico compartido con otros muchos organismos: el planeta Tierra.

Por otro lado, también estamos sometidos a situaciones que nos crean ansiedad, desde que nos levantamos hasta que volvemos a acostarnos. A pesar de ello, nos cuesta desconectar, por lo que acabamos pagándolo en forma de insomnio o de sueños angustiosos y poco reparadores.

Es incuestionable que una parte muy importante de la reacción ante esta realidad que tiende a superarnos sale de nuestro interior. Si somos capaces de detener el flujo de información y de pensamientos que nos agotan para responder asertivamente ante cada situación, habremos ganado gran parte de la batalla diaria. Pero si además preparamos nuestro hogar para que sea un lugar de reposo y resolvemos todas aquellas dificultades domésticas que entorpecen nuestra vida, habremos ganado también un auténtico refugio en el que nuestro cuerpo se sentirá integrado y satisfecho. Algo parecido a lo que les sucedía a nuestros antepasados más remotos, quienes encontraban la seguridad necesaria en sus cuevas.

Hay muchas maneras de modificar nuestra vivienda con el objetivo de convertirla en una extensión de nosotros mismos. Pero debemos tener presente en todo momento que nuestro hogar somos nosotros, que nos acompaña allá donde vamos y con quien vivamos. Por ese motivo debemos ser muy concienzudos, pues afecta directamente a nuestra existencia. Hemos de considerar cada paso que tomemos para modificarlo, pensar detenidamente cómo lo queremos y de qué manera lo construiremos día tras día.

De nosotros depende que el lugar en que vivamos sea un paraíso en el que reflejarnos, o un entorno que ni siquiera reconocemos y en el que no nos sentimos nada a gusto.

Como recoge la sabiduría oriental taoísta: «Un viaje de mil millas empieza con un pequeño paso.» Esta frase se le atribuye a Lao Tse —nombre que significa «viejo maestro»— considerado el autor del *Tao Te Ching,* un libro que aún hoy sigue guiándonos con sus sabias reflexiones. Se cree que vivió en el siglo VI a.C., aunque muchos estudiosos modernos piensan que pudo haber vivido dos siglos antes, en el período llamado: de las cien escuelas del pensamiento y de los reinos combatientes. Sea como sea, en este tratado, el tao —o *dao,* «camino»— se nos muestra como el cambio permanente, que es la verdad universal.

Por eso, es muy apropiado acabar esta introducción con un fragmento del *Tao Te Ching,* ya que nos ayudará a guiarnos en nuestro itinerario de transformación:

Alcanza la total vacuidad para conservar la paz.
De la aparición bulliciosa de todas las cosas,
    contempla su retorno.
Todos los seres crecen agitadamente, pero, luego,
    cada uno vuelve a su raíz.
Volver a su raíz es hallar el reposo.
Reposar es volver a su destino.
Volver a su destino es conocer la eternidad.
Conocer la eternidad es ser iluminado.
Quien no conoce la eternidad camina ciegamente
    a su desgracia.

Quien conoce la eternidad da cabida a todos.
Quien da cabida a todos es grandioso.
Quien es grandioso es celestial.
Quien es celestial es como el Tao.
Quien es como el Tao es perdurable.
Aunque su vida se extinga, no perece.

1

Dime cómo vives y te diré quién eres.
Lo que nuestro hogar dice de nuestra personalidad

Existen infinidad de gestos, acciones y objetos personales que hablan por nosotros sin que seamos conscientes de ello. Más allá del lenguaje corporal, tendemos a proyectarnos en todo cuanto nos rodea, ya que lo definimos de acuerdo con nuestra forma de ser.

La casa, el espacio en el que pasamos gran parte de nuestro tiempo, es una de las cosas que más transmite sobre nosotros, puesto que la decoramos a partir de nuestros pensamientos, valores y emociones. De este modo, el hogar se convierte en un gran espejo donde se refleja claramente nuestra personalidad.

Los motivos que nos llevan a elegir un mobiliario en concreto, la forma en que ordenamos nuestros li-

bros o las fotografías que escogemos para enmarcar son acciones ligadas a determinados modos de ser.

Por eso, los detalles que forman parte de la decoración de una vivienda dicen tanto sobre sus dueños. Una habitación decorada con plantas y flores, por ejemplo, habla de una persona que ama la naturaleza; una donde abundan los retratos indica que su propietario es una persona amistosa y familiar; mientras que si lo que encontramos son velas, sabremos que es el espacio de quien gusta de la calma y la intimidad.

También los muebles dicen mucho de nosotros. Si son cómodos es porque nos gusta pasar tiempo en casa, si son funcionales quiere decir que tenemos una mentalidad precavida y práctica, y si nos gustan clásicos seguramente seamos algo conservadores.

Por curioso que pueda parecer, incluso la iluminación revela aspectos de nuestra personalidad. Una vivienda con luz abundante estará habitada por una persona muy activa. Por el contrario, si tiene luces bajas y en las ventanas hay cortinas y persianas será el hogar de un amante de la paz.

Pero nuestro hogar no es solo un espejo que nos refleja, si lo deseamos, puede aportarnos buenas sensaciones que nos hagan sentir bien. Simplemente hay que estar atento y evitar todo aquello que no transmita seguridad o que robe energía, ya que despertará en nosotros emociones negativas que nos traerán malestar.

En primer lugar, hay que tener en cuenta que con los objetos que forman parte de una vivienda ocurre lo mismo que con la ropa, que pueden influir en nuestro estado de ánimo. Por eso es tan importante tener presentes nuestras verdaderas necesidades cuando elijamos el mobiliario, tejidos, adornos y demás objetos que van a ocupar un espacio en nuestra casa.

Los colores son uno de los aspectos a considerar, ya que influyen notablemente en nuestro estado de ánimo. Así pues, si nuestro carácter es impulsivo e inquieto debemos rodearnos de matices azules y verdes, puesto que son muy relajantes y transmiten serenidad. En cambio, si lo que tenemos es cierta tendencia a la tristeza y al desánimo, debemos evitar los tonos grises o negros y escoger matices amarillos o anaranjados, que transmiten alegría, energía y optimismo.

No se trata de hacer grandes cambios, sino de adaptar nuestro hogar para conseguir el equilibrio entre lo que somos y lo que necesitamos.

De esta forma, nuestra casa será un aliado más en nuestro camino hacia el bienestar y la plenitud.

El vínculo con la casa en el mundo oriental

Hace ya muchas décadas que la cultura milenaria de Oriente se introdujo en Occidente. La gastronomía, el arte y la filosofía de países como China, India o Japón se han ido popularizando y tienen cada vez más seguidores. Lo mismo ha ocurrido con la decoración, que se ha visto beneficiada por un estilo inspirado no solo en el exotismo, sino también en la armonía y la calma tan propias de las doctrinas de estas culturas.

Todo el arte oriental está basado en una filosofía de

vida que busca la paz interior a través del orden, el equilibrio y la tranquilidad. Esta búsqueda también se ve reflejada en la decoración de los hogares, que bebe directamente de la estética del budismo *zen*, una doctrina que aspira a la fusión con el universo. Es por eso que en las casas japonesas está tan presente la idea del vacío y de la inmaterialidad, ya que así nos recuerdan que **solo vaciándonos podemos llenarnos**.

Este es un concepto que resulta muy complejo de asimilar para las mentes occidentales, focalizadas en el culto a la persona, el éxito y el individualismo. La sociedad del bienestar y el progreso constante han alimentado en las últimas décadas la falsa idea de que cuanto más se tenga mucho mejor, con lo que se ha fomentado una malsana necesidad de acumular.

A pesar de ello, el gusto por la sencillez de los japoneses fue capaz de influir en el desarrollo del movimiento artístico occidental conocido como minimalismo. Una tendencia que se basa en reducir las formas a lo esencial, y que surgió en los años sesenta del siglo pasado en los Estados Unidos.

Puesto que la estética japonesa gusta de contemplar la naturaleza y apreciar hasta el detalle más insignificante, la decoración busca el equilibrio con el entorno natural y su presencia a través de piedras, agua, flores y plantas. Los muebles son de escasa altura para dar una sensación diáfana al ambiente, y el resto de los objetos nunca se amontonan, sino que dejan espacios vacíos que invitan a la contemplación.

Lo que se persigue con ese orden armonioso es crear espacios recogidos y nada recargados, con muebles sencillos, de líneas puras, confeccionados en maderas asiáticas o materiales naturales como el bambú, la seda o el papel de arroz. Unos ambientes donde el protagonista principal sea la luz, elemento vital en las distintas culturas asiáticas, puesto que es fuente de vida y de equilibrio.

En la actualidad existen varias técnicas procedentes de Oriente que pueden ayudarnos a hacer de nuestro hogar un paraíso. Algunas son muy conocidas y otras menos, pero todas beben de la tradición milenaria de estos países que han sabido hacer de la paz interior una forma de vida. Repasemos las más conocidas:

EL *FENG SHUI*

Se trata de un antiguo sistema filosófico nacido en China, que se basa en la ocupación consciente y armónica del espacio en beneficio de quienes lo habitan.

El hogar refleja el mapa mental de la percepción del mundo que tienen las personas. Por eso, el *Feng Shui* tiene en cuenta la conexión de cada lugar con cada individuo, con sus virtudes, inquietudes y éxitos.

Estudia el flujo del *chi*, es decir, la energía vital que nutre cuanto nos rodea, y determina cómo influye en la vivienda y en sus ocupantes. Además de contemplar la situación de montañas, ríos y otros elementos del paisaje, tiene en cuenta los puntos cardinales y el tiempo según el calendario chino.

EL *VASTU SHASTRA*

Esta antigua doctrina originaria de la India está considerada como la precursora del *Feng Shui*, aunque no se ha popularizado tanto en Occidente como la famosa técnica china.

Se trata de una guía que enseña cómo habitar un lugar de la mejor manera posible, según los principios védicos de la armonía. Para ello no solo tiene en cuenta la manera en que deben disponerse los objetos, sino que considera también las bases de la construcción y de la arquitectura, focalizándose en el diseño de espacios que atraigan el bienestar, la prosperidad y el equilibrio.

Según el *Vastu Shastra* las orientaciones de los edificios están ligadas al campo electromagnético de la Tierra, e influyen en las personas. Por eso dispone la ubicación, disposición, forma, color y dirección de las casas de acuerdo con los cinco elementos de la tradición védica: la tierra, el aire, el fuego, el agua y el espacio.

EL *WABI-SABI*

Este término estético japonés, al igual que el resto de técnicas orientales, hace referencia a una filosofía vital.

Puesto que se basa en la belleza de la imperfección, sus características son la asimetría, la aspereza, la sencillez o la modestia. *Wabi* se traduce como la simpleza de cualquier objeto, mientras que *sabi* se interpreta como su cualidad imperfecta y limitada. Esta simplicidad y caducidad de los objetos son, precisamente, las que nos pueden ayudar a liberarnos de la tiranía del mundo material para trascender hacia una vida más sencilla.

EL MÉTODO *KONMARI*

El sistema de la japonesa Marie Kondo se popularizó gracias a su libro, *La magia del orden*, que se ha convertido en todo un *best-seller*. En él se explica un eficaz sistema para mantener el orden en casa, e insiste en la idea de que cuanto menos cargada esté una casa, más habitable será. La autora aconseja desprenderse de casi todo, ya que defiende que la ordenación empieza por la eliminación.

Kondo asegura que lo que ordenemos por fuera nos va a beneficiar por dentro, y va a proporcionarnos mayor armonía. Uno de sus lemas principales es deshacerse de lo inútil, puesto que es una manera de decir adiós al pasado y de purificarse.

EL *DAN-SHA-RI*

Hideko Yamashita, japonesa también, es la creadora de este reciente método en la línea del *Konmari* que ha dado a conocer en su libro del mismo título. Su sistema va mucho más allá de una simple limpieza u organización.

Su enfoque no está en los objetos sino en las personas, por lo que se basa en analizar qué cosas son apropiadas para uno. Es decir, qué utilidad se les da. Según Yamashita, *Dan-sha-ri* es conocerse a uno mismo a través del orden, porque al ordenar se toma conciencia de lo que nos rodea.

El término se traduce así:

Dan: implica cerrar el paso a cosas innecesarias que tratan de entrar en nuestra vida.

Sha: se basa en tirar aquellos elementos que inundan nuestra casa y que no usamos ni necesitamos tener.

Ri: es la instancia final y muestra la gran transformación. Consiste en el camino hacia un «yo» desapegado, que vive en un espacio sin restricciones, en un ambiente relajado.

Los secretos que desvela la decoración de nuestra vivienda

Como ya hemos dicho, los detalles que escogemos al decorar nuestro hogar hablan de nosotros y transmiten a los demás ciertas sensaciones. Es la impresión que recibimos al visitar a alguien, ya sea agradable o no, nos impacte o nos deje indiferente.

Un antiguo proverbio chino afirma que:

En el extranjero juzgamos el vestido,
en casa juzgamos al hombre.

Ese sello personal que imprimimos a nuestra decoración permite, si sabemos interpretarlo, conocer los rasgos más destacados de nuestro carácter. Así pues, si queremos dar una imagen concreta, debemos estar muy atentos a las señales que transmitimos a través del color de las paredes, el estilo de los muebles y el resto de elementos que integran nuestro hogar.

A continuación expongo las sensaciones que percibimos con más frecuencia al entrar en una casa, todas ellas obedecen a la voluntad, consciente e inconsciente, de sus dueños.

ORDEN Y EQUILIBRIO

Hasta el último elemento de la casa está ubicado con meticulosidad, de manera estructurada y simétrica. Desde las cortinas hasta los cojines, pasando por la combinación de los colores en los que predomina el blanco, sobre todo en sábanas y edredones.

Es un estilo que recuerda al de los hoteles, con las camas perfectamente colocadas junto a sus respectivas mesillas y sus lámparas idénticas. Quienes habitan este tipo de casas son personas bastante conservadoras, los muebles suelen ser de estilo clásico.

ALEGRÍA Y EXTROVERSIÓN

La decoración se basa en la mezcla y combina distintos estilos de mobiliario. No hay predominio de un color en concreto, ya que la variedad de colores impera en todas las estancias. El hecho de que los tonos sean vivos, indica que los propietarios son personas muy activas, a quienes les gusta salir y relacionarse.

En todas las estancias pueden verse muebles y accesorios pensados para las visitas, lo que evidencia el carácter abierto de los dueños, siempre dispuestos a recibir invitados.

INTELECTUALIDAD E INTROVERSIÓN

Al contrario del anterior, el ambiente de la casa es uniforme, sin contrastes. Se trata de un hogar muy sencillo donde tanto los muebles como el resto de elementos son funcionales y buscan la comodidad. Son diseños simples, de líneas limpias, con predominio de la madera, el metal y el cristal.

Aunque este estilo es bastante minimalista, ya que los dueños son personas algo solitarias, pueden verse estanterías con libros y, en ocasiones, obras de arte o elementos que remiten a referencias culturales.

NOSTALGIA Y ROMANTICISMO

Las personas amistosas y románticas acostumbran a decorar sus hogares con un estilo clásico, pero con más florituras. En las habitaciones lucen cortinas con volantes, que cubren ligeros visillos, y colchas con alegres estampados florales. Pueden verse muchas fotografías familiares e, incluso, antigüedades u objetos *vintage*, como candelabros o porta velas.

En estas casas hay un claro predominio de los tonos suaves y delicados como el rosa, el malva y el azul claro. Las telas livianas, los encajes, los papeles y las alfombras no pueden faltar, así como los muebles de madera y hierro forjado.

CALMA Y CONFORT

Se trata de una casa con un claro predominio del color azul o blanco. Estos tonos son los escogidos por personas tranquilas, para quienes su hogar es un refugio donde poder relajarse, por eso las estancias son sencillas, con muebles cómodos y los pocos objetos decorativos buscan el confort y la armonía. Suelen ser mantas, cojines, velas, flores o plantas, ya que contribuyen a crear un ambiente acogedor.

La luz natural también es un elemento importante en estos hogares porque con su calidez invita a la calma.

FRESCURA Y SERENIDAD

Los hogares donde predomina el color verde nos hablan de personas amantes de la naturaleza y con una gran sensibilidad. Esta tonalidad tiene la capacidad de generar frescor y armonía en el ambiente, ya que es el color más relajante para el ojo humano.

La sensación de frescura se incrementa si los muebles son sencillos, y tanto estos como los textiles están hechos de materiales naturales como el ratán, el mimbre, el lino, el algodón o la lana. En estas casas nunca se ven materiales sintéticos como el plástico o la melanina, puesto que sus dueños prefieren todo lo que provenga de la naturaleza y rodearse de plantas, flores e incluso cestos de frutas.

El significado del desorden y de la acumulación

Ya hemos comentado que existen numerosas acciones que reflejan nuestra forma de ser. Cómo nos vestimos, en qué posición dormimos, qué gestos hacemos o cómo decoramos nuestro hogar son algunas de ellas, igual que lo es la manera en que dejamos que se acumulen los objetos en nuestra casa.

Los estudiosos del *Feng Shui* y otras prácticas parecidas han recogido los distintos mensajes que transmite el desorden según su ubicación. Gracias a ello, podemos descubrir cuáles son nuestras inseguridades y las áreas más problemáticas de nuestra vida con solo observar el caos que impera a nuestro alrededor.

Una vez identificados nuestros puntos débiles nos resultará más fácil solucionarlos, contribuyendo así a nuestro bienestar y, de paso, al de quienes nos rodean.

RECIBIDOR

La falta de orden y los objetos amontonados en la entrada de casa son claros indicadores de que somos personas con miedo a sociabilizar, que nos atemoriza relacionarnos con otras personas.

SALÓN

Otra evidencia de fobia social es el desorden en nuestra sala de estar. Un salón donde los objetos se acumulan de cualquier manera significa que tenemos miedo a ser rechazados socialmente.

COMEDOR

El temor a no dar pasos firmes y sólidos, así como la sensación de dominio por parte de la familia es lo que indica un comedor desordenado.

DORMITORIO

Si el lugar donde dormimos es un caos, eso indica que en nuestra vida tenemos asuntos pendientes, muchas cosas por acabar, y que nos resulta difícil tanto tener pareja como trabajo estables.

ARMARIOS

Ropa, zapatos y bolsos amontonados de cualquier manera en el interior de los armarios son prueba de que carecemos de control emocional.

COCINA

El resentimiento y la fragilidad sentimental son los mensajes que transmite nuestra cocina si está desatendida y el orden brilla por su ausencia.

PASILLOS

Si en los corredores de nuestra vivienda se acumulan de cualquier manera los objetos, quiere decir que tenemos dificultades para comunicarnos con los demás, que tenemos miedo a decir lo que pensamos.

DESPACHO

El desorden en nuestro escritorio o en el lugar donde trabajamos indica miedo, frustración y que tenemos necesidad de controlar las situaciones.

GARAJE

Si el lugar donde estacionamos nuestro vehículo está desordenado es una muestra de que sentimos temor y de que tenemos poca habilidad para actualizarnos.

BODEGA

El mensaje que transmite el desorden en nuestra bodega es que vivimos del pasado y hemos perdido de vista el momento actual.

PUERTAS

Cuando acumulamos objetos de cualquier manera tras las puertas, esto es un signo evidente de que tenemos miedo a no ser aceptados y de que nos sentimos vigilados.

BAJO LOS MUEBLES

Si tendemos a acumular toda clase de cosas debajo de las camas, armarios o cualquier otro mobiliario, eso quiere decir que damos demasiada importancia a las apariencias.

POR TODA LA CASA

Enojo, desidia o apatía hacia todos los aspectos de la vida es lo que nos mueve si el desorden impera por toda nuestra casa.

ACUMULACIÓN DE COSAS NUEVAS

Guardar ropa, libros, zapatos o cualquier otro objeto que hemos comprado hace poco y que apenas usamos indica que hacemos muchas cosas a la vez y que estamos algo perdidos.

Si nos centramos en erradicar este tipo de desorden conseguiremos encontrar de nuevo el rumbo, seremos mucho más eficaces y nos sentiremos equilibrados.

ACUMULACIÓN DE COSAS VIEJAS

Si lo que guardamos son objetos que hace mucho que no utilizamos, significa que vivimos en el pasado y que dejamos que los pensamientos e ideas de entonces nos gobiernen. En el momento en que nos deshagamos de este tipo de desorden, veremos que nuestra mente se abre a nuevos enfoques.

Como hemos podido ver, el desorden y la acumulación reflejan una gran cantidad de miedos e inseguridades. Por tanto, si nos ponemos como objetivo ordenar nuestro hogar, estaremos contribuyendo a estructurar nuestra forma de pensar, lo que nos dará una sensación de mayor claridad y vitalidad.

En cierto modo, es algo similar a liberarse de una carga inútil que limita nuestros movimientos y nos resta agilidad. **Si nos deshacemos del lastre que supone el desorden y la acumulación, nos resultará más fácil avanzar.**

Así pues, el hecho de ordenar nuestra vivienda implica mucho más que pulcritud, ya que la acumulación de objetos nos hace sentir cansados, desmotivados, e incluso estancados y confusos.

La razón se debe a que el desorden crea obstáculos que ralentizan o impiden el flujo de energía, lo que afecta a nuestro estado de ánimo y, también, a nuestra vida. Esa corriente energética es lo que en la cultura tradicional china se conoce como *chi*, o *qi*, una fuerza vital que anima a todos los seres. Su circulación debe ser fluida si queremos mantener la salud, la plenitud y el equilibrio en nuestras vidas.

La meditación como herramienta para armonizar nuestro entorno

En el mundo occidental es frecuente asociar la práctica del *zen* a técnicas de relajación y a un estado general de bienestar. Aparte de saber que su origen es oriental, son pocos los que tienen un conocimiento más amplio de esta rama del budismo, que proporciona una visión de la realidad completamente distinta a la que tienen la mayoría de personas. Adquirir la perspectiva que proporciona el *zen* es la mejor manera de fusionarse con cuanto nos rodea para, de este modo, llevar la armonía a nuestras casas.

La finalidad del *zen* va más allá del simple relax o de un movimiento estético. Su verdadero objetivo es alcanzar la sabiduría a través del autoconocimiento, es decir, de la comprensión de nuestra propia naturaleza. Para lograrlo, en lugar de utilizar el discurso racional al que estamos acostumbrados, emplea la meditación. Así, gracias a esta práctica se consigue llegar a la esencia de la realidad.

El *zen* se originó en la India como variante del budismo *mahāyāna* y su nombre en sánscrito es *Dhyana*, que suele traducirse como «meditación». Más adelante esta denominación se transformó en la palabra *channa* cuando llegó a la China, en el siglo VI, y en *zen* al establecerse en Japón, alrededor del año 1200.

Según cuentan, el *chan* se expandió por tierras chinas tras la llegada del monje indio Bodhidharma, alrededor del año 500. Por entonces ya hacía cinco siglos que el budismo había arraigado allí, proveniente de la India a través de la Ruta de la Seda. Sin embargo, Bodhidharma inició un movimiento espiritual innovador que supuso la aparición de esta nueva escuela de budismo.

Una de las ideas principales del *zen* es que todo cuanto vemos es una construcción mental, es decir, que no existe fuera de nuestra mente. Por tanto, somos nosotros quienes creamos nuestra realidad. Para aprender a verla tal y como es, se vale de la meditación, cuya práctica nos enseña a tomar consciencia y nos ayuda a volver a nuestra naturaleza original, a lo que éramos en un principio.

Un antiguo y conocido proverbio *zen* lo define de la siguiente manera:

Antes de estudiar Zen, las montañas son montañas y los ríos son ríos; mientras estás estudiando Zen, las montañas ya no son montañas y los ríos ya no son ríos; pero una vez que alcanzas la iluminación, las montañas son nuevamente montañas y los ríos nuevamente ríos.

Hasta hace cien años, en Europa apenas se sabía nada del budismo. La única noticia que se tenía de esta religión fueron los conocimientos que trajeron algunos misioneros cristianos. Ya en el siglo XX, el conocimiento del *zen* empezó a difundirse gracias a la labor divulgativa del filósofo japonés Daisetz Teitaro Suzuki. Este reputado erudito lo propagó por casi todo el mundo mediante clases, conferencias y libros, fomentando así el interés por la espiritualidad *zen* en Occidente.

Más adelante, ya en los años sesenta, durante el movimiento de la contracultura, el *zen* influenció a personajes destacados de la época, tanto de Europa como de los Estados Unidos. Y en la década siguiente, Taisen Deshimaru, maestro *zen* japonés, fundó una red de centros de enseñanza en el continente europeo.

El budismo *chan*, o *zen*, que existe en los países occidentales en la actualidad sigue basándose en las ideas introducidas durante el siglo pasado, y muchos de sus conocimientos aún no se han transmitido. Sin embargo, en los últimos años se han abierto escuelas, centros y monasterios, tanto en Europa como en América, lo que demuestra que el interés por esta forma de vida sigue creciendo.

Prueba del interés que despierta el *zen* en Occidente es la relevancia que está adquiriendo el *mindfulness*. También conocido como atención plena, el *mind-*

fulness es una práctica desarrollada por Jon Kabat-Zin que se basa en la meditación y que se está integrando a la medicina y la psicología de Occidente con notable éxito.

Con una escueta exposición, el pensador chino Confucio resumió toda su vida y el estado de iluminación que alcanzó en cada etapa de su existencia. En la actualidad se utiliza aún como guía para saber lo que deberíamos estar haciendo en cada ciclo vital:

> Cuando tenía quince años, estaba enfocado en mis estudios. Cuando tenía treinta años, mi entendimiento de la vida era firme. Cuando tenía cuarenta años, ya no dudaba en tomar decisiones sobre mi vida. Cuando tenía cincuenta años, comprendí los orígenes de todos. Cuando tenía sesenta años, podía oír todo lo positivo y lo negativo y no estar molesto. Cuando tenía setenta años, tuve la libertad de hacer lo que mi corazón quisiera, dentro de las reglas de este mundo que he observado a lo largo de toda mi vida.

Está claro, pues, que los beneficios de la meditación favorecen a todo el mundo, independientemente de su lugar de origen o de su religión, puesto que se trata de una filosofía de vida. Si logramos incorporarla en nuestro día a día como un nuevo enfoque de la realidad, conseguiremos ser felices y hacer de nuestro hogar un paraíso.

Consejos para estar en armonía
con nuestro hogar

Para que en nuestra casa reine el equilibrio y la serenidad, es imprescindible que nosotros mismos estemos calmados y equilibrados. Como ya hemos explicado, la meditación es una excelente manera de conseguirlo, ya que nos enseña a conocernos, a explorar nuestro interior, para deshacernos de cuanto nos trastorna y desestabiliza.

Una vez que hayamos conseguido atraer la felicidad, el bienestar y la paz a nuestra mente y a nuestro cuerpo, nos resultará más fácil aportar toda esa carga de energía positiva a nuestro hogar. Nos daremos cuenta de lo sencillo que es deshacernos de todo aquello que no utilizamos, está roto o es inservible, y poner orden en cada una de las estancias de la casa.

Es importante que en el momento de llevar a cabo todos estos cambios lo hagamos con tranquilidad, de manera paulatina y consciente, asumiendo cada modificación como un paso más en el camino hacia la construcción del paraíso donde queremos habitar.

Ya hemos mencionado que existen diversas técnicas que enseñan cómo mejorar nuestra calidad de vida modificando ciertos aspectos de nuestras casas. Una de ellas, el *Feng Shui*, brinda excelentes consejos para estar en armonía con nuestro hogar, ya que su objetivo es reconducir la energía vital, el *chi*, atrayendo así el bienestar y el equilibro a nuestra morada.

Hay que tener en cuenta que los hogares occidentales suelen estar pensados de manera poco beneficiosa para nosotros, lo que provoca nerviosismo y ansiedad.

El *Feng Shui* considera las viviendas y lugares de trabajo como entes vivos que influyen en nuestra salud y estado de ánimo. Por eso, este sistema milenario enseña la manera correcta de orientar la casa, distribuir los elementos de cada estancia y escoger la decoración adecuada para conseguir que la energía circule.

Con este objetivo, los espacios se distribuyen en función de la luz natural, evitando tabiques y priorizando las formas curvas, puesto que permiten que la claridad inunde el ambiente.

Los países occidentales parecen haber olvidado por completo su pertenencia a un universo regido por leyes naturales. Hace mucho que perdieron la conexión con el entorno, y este cada vez se degrada más, lo cual es muy nocivo para el planeta y para todos los seres que lo habitan.

Sin embargo, el *Feng Shui*, que significa «viento y agua», tiene en cuenta los elementos naturales ya en el momento de construir la casa. Por eso siempre procura que el edificio tenga una especie de barrera detrás, como otro inmueble o una montaña, para evitar que la energía se escape. También que la vivienda disponga de un espacio abierto delante, ya sea una plaza, un parque o un jardín que ofrezca una vista despejada. En el caso de los apartamentos, aconseja elegir aquellos situados en plantas intermedias, ya que están más recogidos y amparados.

Según el *Feng Shui*, hay que evitar la proximidad a centros contaminantes como chimeneas, antenas o postes de tendido eléctrico, dado que proyectan energía negativa. Si se dispone de jardín, los árboles han de estar a una distancia prudencial de la casa y no bloquear el camino hacia la puerta de acceso, que debe estar siempre bien despejado y ser curvo, nunca recto.

Partiendo de estas consideraciones básicas, el *Feng Shui* ofrece una serie de instrucciones para aplicar en cada estancia.

RECIBIDOR

Ha de tener una buena iluminación y estar bien ordenado, sin nada roto o estropeado. Es aconsejable que los colores sean claros y luminosos. En caso de no tener recibidor, se recomienda delimitar un pequeño espacio en la entrada que realice esta función.

SALA DE ESTAR

Debe tener mobiliario cómodo, con asientos, cojines y todo aquello que aumente el confort de los habitantes de la casa y de sus invitados. El sofá debe estar apoyado contra una pared maciza y estar orientado de cara a la puerta de entrada, nunca de espaldas. Esta estancia es el lugar donde podemos colocar fotos familiares y recuerdos, pero siempre manteniendo el orden para que la energía fluya correctamente. Los colores han de ser cálidos, como amarillos y naranjas, o de tonos terrosos no muy oscuros.

COMEDOR

Se aconseja que la mesa sea redonda y de madera porque iguala a los comensales. Nunca hay que dejarla vacía, por lo que se aconsejan centros con flores, velas o frutas. Hay que tener más sillas que habitantes hay en la casa, ya que significa que los anfitriones están abiertos a recibir invitados. Los colores recomendados son los tonos tierra y los verdes de tonalidad cálida.

DORMITORIOS

La cama no debe estar bajo ninguna ventana ni frente a una puerta, ya que la energía puede filtrarse por ahí. Hay que evitar que haya espejos en los que nos podamos reflejar mientras estamos tumbados.

Asimismo no convienen los aparatos relacionados con la actividad como la televisión, el ordenador o máquinas de ejercicios. Las habitaciones de los niños deben estar limpias y ordenadas; un exceso de muñecos, juguetes y cualquier otro objeto puede dificultar su descanso.

En general, no es aconsejable guardar cosas que no utilizamos si queremos liberar la energía estancada. Los colores pastel son los más adecuados para los dormitorios, así como tonalidades suaves de verdes o violetas.

COCINA

No debe verse desde la puerta principal, por lo que ha de ocultarse tras una cortina o puerta. Tiene que haber orden y limpieza tanto exteriormente como en el interior de los armarios, que deben estar bien provistos de alimentos. Hay que evitar el azul, el rojo intenso y el naranja, ya que provocan nerviosismo y discusiones.

Se aconseja que tengamos plantas naturales y flores por toda la casa. También fotografías o cuadros que representen paisajes o seres vivos, puesto que generan energía positiva. Es igualmente recomendable rodearse de velas de colores cálidos, fuentes de agua, música relajante y fragancias aromáticas.

Entre lo que se debe evitar encontramos las alfombras de piel, así como cualquier otra cosa que proceda de un animal muerto: cornamentas, fieras disecadas, etc. También hay que deshacerse de armas, reproducciones de imágenes dolorosas como cuadros o fotografías de guerras, dramas o escenas que transmitan violencia. Hay que evitar objetos rotos, flores marchitas y aparatos que no funcionen, ya que son elementos sin energía.

Así pues, si queremos activar el flujo del *chi* de nuestros hogares podemos seguir estos consejos que nos ayudarán a mantener las estancias limpias, ordenadas y armónicas. Se trata básicamente de optar por la sencillez, evitando la ornamentación excesiva y buscando objetos útiles y completos que evoquen la naturaleza.

Este estilo de vida se asemeja bastante al del *zen*, ya que apuesta por materiales y tejidos naturales que aportan beneficios tanto mentales como fisiológicos.

Siguiendo estas pautas no nos resultará difícil estar en armonía con nuestro hogar ya que, según el *Feng Shui*, la armonización de nuestro *chi* con el del ambiente que nos rodea nos equilibra con la naturaleza.

Lo importante es recuperar la conciencia de que formamos parte de la naturaleza.

Una vez que hayamos conseguido que la energía positiva fluya libremente por nuestra casa, nos daremos cuenta de que nosotros también nos beneficiamos de ella y la prosperidad se incrementará.

Tal y como dice un antiguo proverbio chino:

Si hay luz en el alma, habrá belleza en la persona.
Si hay belleza en la persona, habrá armonía en el hogar.
Si hay armonía en el hogar, habrá orden en la nación.
Si hay orden en la nación, habrá paz en el mundo.

Diseños arquitectónicos que mejoran el estado anímico

La felicidad es algo que no depende únicamente del entorno; no obstante, rodearse de un ambiente armónico y placentero contribuye en gran manera a incrementar nuestro bienestar. Por eso es tan importante que nuestra vivienda sea nuestra guarida, el lugar al que deseamos llegar al finalizar la jornada, para recuperarnos de las vicisitudes del día.

En definitiva, el hogar debe ser un espacio sanador y grato para nuestros sentidos, en el que nos apetezca estar, ya sea en una tranquila soledad o disfrutando de la compañía de aquellos a quienes queremos.

Ya hemos comentado que los colores que empleamos para decorar son útiles para crear estancias sosegadas, confortables o inspiradoras. Pero además de las tonalidades, hay otros muchos elementos que ayudan a diseñar ambientes que estimulan ciertos estados anímicos.

Desde hace algunos años existe una nueva disciplina llamada «neuroarquitectura», que estudia la influencia del espacio físico en la mente humana. El nombre se debe a que sus investigaciones se enfocan en aplicar la neurociencia a la arquitectura, con el objetivo de descubrir las reacciones del cerebro respecto a determinados ambientes o construcciones.

La neuroarquitectura estudia de qué manera influyen los diferentes aspectos de un entorno arquitectónico en procesos cerebrales como la memoria, el estrés y las emociones.

Esta relación entre el espacio y la mente humana no es nueva, puesto que ya fue observada desde la antigüedad por diversas culturas. Un buen ejemplo son los templos y lugares sagrados cuyas construcciones estimulan el recogimiento, la concentración y la introspección.

También lo es la arquitectura panóptica, un diseño que se usa en prisiones y en algunas empresas con el objetivo de dar una permanente sensación de ser vigilado.

Según esta ciencia, los diversos elementos que forman parte de una construcción inciden en diferentes áreas de nuestro cerebro. De este modo:

- La iluminación influye en el área de percepción y sensación.
- La organización del hogar en el área del movimiento.
- Las plantas en las emociones.
- Las formas redondeadas en la memoria y el aprendizaje.
- Los objetos prácticos en nuestra zona de toma de decisiones.

Otros aspectos, como la altura del techo de los edificios y el mobiliario de cada estancia, también se tienen en cuenta al aplicar las pautas de la neuroarquitectura.

Estos principios ya comienzan a incorporarse en la construcción de edificios públicos como escuelas, hospitales o bibliotecas. Es, por tanto, muy aconsejable tener en cuenta estas pautas basadas en estudios científicos si queremos beneficiarnos de los buenos resultados obtenidos.

Para comenzar, podemos guiarnos por las siguientes observaciones, resultado de las investigaciones de la neuroarquitectura, y adecuarlas al diseño de nuestra vivienda.

ILUMINACIÓN

La luz ejerce una gran influencia en nuestra salud, tanto física como mental. De hecho, hay estudios que advierten que no exponerse al sol con regularidad y trabajar en turno de noche predispone a tener cáncer. Por otro lado, si la luz es artificial e insuficiente, nuestro cerebro deberá esforzarse mucho más, lo que influirá en nuestro rendimiento.

Es conveniente, pues, que sintonicemos nuestro ritmo biológico con el de la luz natural, manteniendo las diferentes estancias de la casa bien iluminadas por el sol, siempre que sea posible. Y durante la noche optaremos por alumbrar las habitaciones de forma tenue, con velas o lámparas pequeñas, evitando aparatos electrónicos que emitan luz como televisores u ordenadores.

TECHO

Según la neuroarquitectura, los techos altos favorecen el pensamiento creativo. Esta afirmación se ve respaldada por un estudio de la Universidad de Minnesota, que reveló que la altura de la techumbre de una casa repercute en la salud física y mental de las personas. Según esta investigación, las cubiertas elevadas activan la sección derecha del cerebro, la cual se asocia al pensamiento abstracto. Así pues, los despachos o habitaciones donde se estudia deberían tener un techo alto para estimular la creatividad de quienes lo ocupan.

FORMAS

Las curvas intimidan mucho menos que los objetos angulosos o puntiagudos, que transmiten sensación de peligro. Por ese motivo, si nos rodeamos de elementos de formas suaves y curvadas, nos sentiremos mejor. La neuroarquitectura apuesta por incorporar en nuestras casas una geometría suave que combine muebles rectangulares con piezas redondeadas, como, por ejemplo, un sofá angular con cojines redondos o una mesa cuadrada o rectangular con cuencos y jarrones.

ORDEN

Una vez más queda demostrado que deshacerse de objetos innecesarios y organizar nuestras pertenencias influye en la manera cómo nos sentimos.

Un hogar bien ordenado nos hace sentir más serenos y, teniendo en cuenta las investigaciones realizadas por la neuroarquitectura, libera nuestra mente de la pesada carga de tomar decisiones, un proceso muy complejo que involucra los cuatro lóbulos del cerebro.

Mantener el orden en casa evita la llamada «fatiga decisional», que se produce cuando nuestra cabeza se resiente al tomar demasiadas decisiones y opta por las más fáciles, sin tener en cuenta las consecuencias.

Para evitarlo, hay que tener unos hábitos definidos, como establecer un horario de limpieza semanal, así como ayudarnos de sistemas de organización para mantener el orden en toda la vivienda. De esta manera, al tener que tomar menos decisiones, nos sentiremos más calmados.

PLANTAS

El verde es un color relajante que nos provoca sensaciones muy gratas. Por eso, y por los factores que detallaremos más adelante, nos resulta tan beneficiosa la presencia de plantas a nuestro alrededor. Dan color a la casa, purifican el aire, perfuman el ambiente y, por si todo esto no fuese suficiente, está probado que los espacios verdes pueden reducir el estrés y mejorar los niveles de concentración y de aprendizaje.

RENUEVA

Los cambios son estimulantes porque hacen que nuestro cerebro segregue dopamina, una hormona relacionada con la motivación y el placer. Así pues, pintar las paredes, reorganizar los muebles o incorporar textiles, como cojines o cortinas, puede ser una excelente manera de activar esta sustancia química que tiene mucho que ver con la felicidad.

Numerosos estudios confirman que nos influye todo cuando nos rodea, ya que es información que llega a nuestro organismo y hace que nuestro cerebro produzca hormonas que provocan emociones.

Si el entorno es agradable fabricamos más oxitocina y serotonina, substancias vinculadas a la relajación y al placer. Si, por el contrario, nos envuelven ruidos, luces brillantes u objetos puntiagudos, nuestro cerebro segrega adrenalina y el ritmo cardíaco se acelera provocándonos un elevado nivel de estrés.

Estas respuestas inconscientes, que se producen en nuestro cerebro, condicionan nuestro estado de ánimo y, por tanto, nuestra salud, así que es conveniente tenerlas en cuenta en el momento de diseñar o modificar la decoración de nuestras casas.

2

Filosofía *kaizen* para cada habitación. Cómo pequeños cambios pueden transformar por completo el ambiente para hacernos sentir mejor

Es muy frecuente que cada vez que nos planteamos un reto o un objetivo en nuestra vida nos pongamos unas expectativas poco realistas. Es decir, que nos fijemos metas demasiado altas que conllevan un nivel de esfuerzo tan elevado que puede acabar por frustrarnos. Es lo que suele suceder cuando nos proponemos perder peso o aprender un idioma, por ejemplo, y nos desanimamos cuando los resultados no son tan rápidos ni brillantes como esperábamos.

Tener proyectos, iniciativa y mentalidad de cambio es muy positivo, pero es importante ser consciente de nuestras capacidades y de nuestros límites si queremos alcanzar el éxito.

Enfrentarse a propósitos demasiado ambiciosos puede resultar contraproducente, ya que el más mínimo fracaso podría desmotivarnos.

Plantearse retos sencillos y continuos, como metas fácilmente asumibles, es el enfoque que propone el método *kaizen*. Este sistema de control de calidad es muy popular en el mundo de la industria gracias a sus excelentes resultados y, por ese mismo motivo, es empleado hoy en día en numerosas empresas.

El origen de este exitoso método se remonta a los años cincuenta del siglo pasado en Japón, durante la ocupación norteamericana del país. La industria nipona había quedado destruida tras la Segunda Guerra Mundial, por lo que muchos profesionales norteamericanos ofrecieron sus servicios de consultoría para propiciar su reconstrucción. Los programas aportados por los americanos ayudaron a formarse a la recién nacida industria civil del Japón, y sus conocimientos metodológicos fueron asumidos con gran facilidad por los japoneses. Así, de la fusión entre las técnicas norteamericanas y la particular idiosincrasia nipona surgió el método *kaizen*, un proceso de calidad distinto a los conocidos hasta el momento.

La idea principal del *kaizen* es que una serie de pequeñas mejoras continuas es preferible a un único cambio, por grande que sea. Se trata de un desafío continuo, aunque asumible, que permite el cambio y la mejora. Con esta premisa se vence cualquier miedo y se despejan todas las dudas que nos producen los grandes cambios. Por otro lado, el hecho de realizar pequeñas acciones de forma continuada hace que se conviertan en un hábito y produzcan resultados permanentes.

Como ya hemos dicho, el método *kaizen* es muy conocido en el mundo de la empresa. Destaca entre otros métodos para la gestión de la calidad por su sencillez y su facilidad de aplicación. Su éxito ha sido tal que ha transcendido el sector de la industria y, desde hace algún tiempo, se aplica también en otros ámbitos, como el del hogar o el de las organizaciones no empresariales.

La base de este exitoso sistema estriba en dos conceptos fundamentales: el compromiso y la disciplina. Estas dos premisas son las que lo diferencian del resto de metodologías y lo convierten en una auténtica filosofía de vida que podemos aplicar fácilmente a nuestro hogar.

Incorporando la responsabilidad y la constancia en nuestro día a día para realizar pequeñas mejoras en nuestra vivienda, lograremos grandes resultados. Además, si seguimos las pautas del *kaizen*, no solo solucionaremos los problemas, sino que, tras resolverlos, seguiremos mejorando aspectos de nuestra casa. Y es que, como dijo el poeta latino Ovidio: «La gota horada la piedra, no por su fuerza, sino por su constancia.»

El estímulo que supone alcanzar metas diariamente es la mejor motivación para seguir utilizando este método. Es como un pequeño premio que compensa nuestro esfuerzo y nos anima a continuar hacia nuestro objetivo final.

Sin duda, la esencia del *kaizen* se nutre profundamente de la cultura oriental, donde la idea de mejora diaria está mucho más arraigada que en la occidental. Lao Tse decía así: «Un viaje de mil millas comienza con el primer paso.»

El mejoramiento continuo

El término *kaizen* proviene de las palabras japonesas *kai* y *zen*, que significan lo siguiente:

kai: cambio
zen: beneficioso

Sin embargo, suele traducirse por «mejoramiento continuo», ya que transmite la naturaleza de su filosofía. De hecho, el lema de este método es:

Hoy mejor que ayer, mañana mejor que hoy.

Como ya hemos explicado, el *kaizen* es un método de gestión de calidad, utilizado principalmente por empresas, que se basa en un mejoramiento continuado y progresivo.

Su estrategia consiste en que no debe pasar ni un solo día sin que se haya realizado alguna mejora, por lo que es preciso ser inflexible y constante. Esto puede aplicarse tanto a nivel social, como laborar o familiar. Sea cual sea la meta que nos fijemos, la cuestión es ir consiguiendo logros diarios y graduales.

En el caso de las empresas, el método *kaizen* se fundamenta en la idea de la implicación global, es decir, en integrar a todos los trabajadores a través de pequeñas acciones en los procesos de mejora de la compañía. Gracias a la implantación de estos pequeños gestos por parte de todo el equipo se mejora la eficiencia, se detectan y solucionan problemas, se optimizan los procesos o se reducen costes, entre otras muchas cosas.

La técnica más utilizada por el método *kaizen* es la conocida como la de las cinco «S», una práctica de calidad originada en Japón hace cincuenta años. Se la llama así por las cinco iniciales de las palabras que denominan los diferentes pasos que forman este sistema.

LAS CINCO «S»

Seiri (clasificación). Consiste en separar todo aquello necesario de lo que no lo es. En el espacio destinado al trabajo no debe haber nada inútil. Esto se aplica también a nuestra casa, donde debemos prescindir de objetos que no utilicemos.

Seiton (orden). Una vez identificado lo que es útil, este paso tiene como objetivo organizarlo de manera que su localización sea más sencilla. El espacio de trabajo debe estar organizado de manera eficaz. Lo mismo sucede con las estancias de nuestra vivienda, en ellas cada elemento debe ocupar su lugar y tener su función.

Seiso (limpieza). Eliminar el polvo y la suciedad para garantizar el buen funcionamiento de la maquinaria y la creación de ambientes limpios. En casa haremos lo mismo, mantener pulcros y en buen estado todos los ambientes.

Seiketsu (estandarizar). Mantener los logros conseguidos en los tres pasos anteriores mediante una metodología que haga que las mejoras sean permanentes. Hay que fijar normas que prevengan la aparición de desorden y suciedad, para que todo lo que hemos conseguido con los pasos anteriores no se pierda. Una normativa específica para nuestro hogar nos será muy útil para mantenerlo siempre limpio y organizado.

Sheitsuke (disciplina). Promueve la idea del *kaizen* al hacer que los pasos anteriores se conviertan en una rutina. Se trata de seguir mejorando, de ser rigurosos en la aplicación de todas y cada una de las pautas que hemos explicado, e incorporarlas en nuestros hábitos domésticos.

Aplicar las cinco «S»

SEIRI (CLASIFICACIÓN)

Como ya hemos dicho, el primer paso del método de las cinco «S» consiste en eliminar todo lo innecesario. Para ello hemos de identificar qué objetos en nuestro hogar tienen un sentido, una utilidad, y quedarnos únicamente con ellos.

Si nuestra casa está llena de cosas que no utilizamos, están en mal estado o son viejas debemos prescindir de ellas para evitar que se conviertan en obstáculos. Por poner un ejemplo, puede que en nuestro comedor haya revistas anticuadas que ya nadie lee, cuadros viejos que acumulan polvo y se degradan, o simplemente elementos decorativos que no sirven más que para ocupar espacio y llenarse de suciedad.

Unas de las estancias que acostumbran a acumular más objetos inútiles suelen ser las habitaciones. Sin darse uno cuenta, con el tiempo se van amontonando piezas de ropa que ya nadie se pone y que abarrotan los armarios. Lo mismo sucede con la bisutería, los complementos, libros o juguetes que ya no se usan, pero que siguen llenando cajones y estanterías.

Para eliminar toda esa acumulación es suficiente con que dediquemos cinco minutos cada día a deshacernos de lo innecesario. De este modo, iremos despejando progresivamente nuestra casa de todos los elementos sobrantes y, antes de lo que pensamos, habremos conseguido desobstruir los espacios.

SEITON (ORDEN)

En este segundo paso se trata de determinar la manera en que colocaremos todos aquellos objetos que hemos seleccionado, los necesarios, y hacerlo de una forma eficiente para que nos resulte fácil encontrarlos.

Hoy en día disponemos de numerosos sistemas que nos permiten ordenar y clasificar. Podemos elegir aquel que consideremos más adecuado, teniendo en cuenta que lo esencial es que cada cosa esté siempre en su lugar específico.

El hecho de tenerlo todo ordenado, ubicado en el sitio que le corresponde, no solo nos ayudará a mantener despejado el ambiente, sino que nos proporcionará un tiempo extra y una energía muy valiosos; los que antes destinábamos a la búsqueda cuando el desorden dominaba la casa.

Conviene recordar una vez más que el orden exterior

refleja la armonía y la calma que hay en nuestro interior. Una vez que cada elemento ocupe su lugar, veremos cómo también nuestra mente se ordena y se sosiega.

Si invertimos unos minutos diarios a ordenar un ámbito de cada estancia, veremos cómo en poco tiempo tendremos un hogar completamente organizado.

SEISO (LIMPIEZA)

Cuando hay orden y el espacio está despejado, es mucho más sencillo mantener la casa limpia. Si además nos deshacemos de todo aquello que provoca suciedad y procuramos no manchar, tan solo serán necesarios una serie de hábitos regulares de limpieza para tener un ambiente pulcro.

Este tercer paso consiste en purificar nuestro entorno librándolo de elementos como el polvo, los desperdicios, las manchas y todo aquello que contribuya a estropear o contaminar el espacio y los objetos que lo ocupan. De esta manera, cada vez que vayamos a utilizar algo, una lámpara, una pieza de ropa o un mueble, los encontraremos en perfecto estado.

La limpieza ayuda a mantener el orden en nuestro hogar y, al igual que el orden, refleja nuestro estado interior. Por eso es importante que dediquemos cada día unos minutos a asear algún ámbito de la casa, independientemente de la limpieza semanal. Podemos destinar ese tiempo a rincones normalmente descuidados para conseguir que nuestra vivienda resplandezca. Al hacerlo, brillaremos por dentro también.

SEIKETZU (ESTANDARIZAR)

Ya hemos visto los tres primeros pasos del método de las cinco «S» y sabemos que cada día hemos de destinar unos minutos a clasificar, ordenar y limpiar nuestra vivienda por secciones. Ese pequeño esfuerzo nos dará grandes resultados que merecen ser mantenidos, ya que, si no, los perderemos y nuestro hogar acabará por volver a su antiguo estado. Para conservar la limpieza y la organización general, lo primero que debemos hacer es definir el nivel que queremos conservar. Es decir, tenemos que marcarnos un estándar y ceñirnos a él. Para ello deberemos realizar revisiones periódicas que nos aseguren que no bajamos el listón, que nuestros armarios siguen igual de limpios y ordenados, nuestro salón tan pulcro como siempre y nuestra cocina bien reluciente.

Mantener el mismo grado de limpieza y orden en toda la vivienda, resulta fácil si establecemos unas normas sencillas que deberán aplicar todos los miembros de la familia. Por ejemplo, dejar las camas hechas antes de salir de casa, devolver los objetos siempre a su sitio una vez utilizados, depositar los zapatos en la entrada al llegar de la calle, recoger la cocina después de cada comida... De esta manera, nos aseguraremos alcanzar esa estandarización que nos hemos fijado y podremos conservar nuestra casa en un perfecto estado de higiene y organización.

SHEITZUKE (DISCIPLINA)

El último paso de este método consiste en seguir siempre las normas fijadas. La finalidad es que acaben por convertirse en un hábito y se hagan de forma rutinaria para, de este modo, asegurar que se mantiene el nivel de orden y limpieza que nos hemos fijado.

La disciplina acabará por transformarse en una forma de vida cuando hayamos adquirido la costumbre de seguir los distintos pasos de las cinco «S». Es normal que al principio represente un esfuerzo, pero con el tiempo conseguiremos interiorizar la práctica de este método y lo haremos por inercia. También los resultados serán un estímulo para seguir aplicando los cuatro pasos previos de clasificar, ordenar, limpiar y estandarizar.

Puesto que enseguida veremos que los frutos que se obtienen son muy gratificantes, no nos resultará nada difícil seguir las pautas de este método. Un gran paso que nos mantendrá en el camino del «mejoramiento continuo».

Un viejo proverbio chino dice así:

> *Si tu mente es fuerte, todas las cosas difíciles serán fáciles.*
>
> *Si tu mente es débil todas las cosas fáciles se harán difíciles.*

3

La cocina.
El centro energético de la casa

Muchos consideran que la cocina es el corazón de la vivienda porque es allí donde nos reunimos con la familia, para compartir comidas o para elaborarlas juntos.

De hecho, el término «hogar» hace referencia al lugar donde se hacía la lumbre, alrededor del cual se reunían grupos de personas para darse calor y alimentarse. La palabra deriva del latín *focus*, sitio donde se enciende el fuego, y su significado se amplió, pues se refiere a la morada entera, así como al conjunto de personas que viven juntas y están emparentadas.

Por tanto, la relación entre ese hogar primitivo donde se cocinaba y se obtenía calor y la cocina actual sigue teniendo la misma vigencia. Y es precisamente este vínculo el que da a este espacio su carácter neurálgico en la vivienda.

Han pasado muchos siglos desde que surgió aquella primigenia necesidad de reunirse alrededor de un fuego común. Con el paso del tiempo esos grupos humanos se transformaron en núcleos más pequeños, es decir, en familias, y la cocina siguió manteniendo su función de congregar. Veamos cómo evolucionó en occidente...

HISTORIA OCCIDENTAL DE LA COCINA

En el siglo V a. C., en la antigua Roma, la cocina tenía un fuerte carácter religioso, ya que el mismo hogar donde se cocinaba era empleado como lugar de culto a los dioses *lares*, deidades domésticas.

Siglos después, también en Europa, las cocinas de los castillos medievales se convirtieron en un lugar muy destacado de estas fortalezas, donde imperaba una actividad constante.

A partir del Renacimiento, la gastronomía empezó a cobrar mayor importancia y comenzaron a perfeccionarse los instrumentos culinarios, así como la decoración de esta estancia. Un proceso que continuó durante los siglos siguientes y que trajo numerosos progresos en el arte de cocinar, así como en el desarrollo de nuevos utensilios.

Ya en el siglo XIX, las cocinas europeas ocupaban un extremo de la vivienda y en las casas adineradas estaban separadas completamente, normalmente ubicadas en el sótano del edificio.

La siguiente centuria trajo aún más avances tecnológicos y la cocina volvió a situarse dentro de la casa, aunque de diversas formas y con diferentes dimensiones.

En los últimos años, en la sociedad occidental, las cocinas han ido cobrando mayor importancia, de manera que se han convertido en un espacio donde no solo se cocina, sino que, además, se recibe a los invitados y a la familia. Por ese motivo son más grandes que hace un par de décadas, y acogen mesas o islas que crean un flujo natural con el resto de la casa.

Todo esto obedece a la idea actual de que la cocina es un espacio de vida, un lugar adicional de entretenimiento, lo cual le da un valor añadido. Por ese motivo, la venta o alquiler de una vivienda depende mucho de la cocina, de su ubicación y funcionalidad.

ZAO SHEN, EL DIOS DE LA COCINA

En Occidente, la cocina es un espacio relacionado con el placer gastronómico y un punto de encuentro donde disfrutar de la familia y los amigos. En oriente, sin embargo, se la vincula con aspectos más espirituales.

En China, una cocina bien surtida de comestibles se considera un símbolo de prosperidad y de riqueza. De hecho, el *Feng Shui* tradicional relacionaba la cocina con la supervivencia y el sustento, y por eso ponía énfasis en el hecho de cuidarla para evitar así la mala fortuna.

Además de esto, entre las deidades chinas existe una consagrada exclusivamente a la cocina.

Zao Shen, el dios de la cocina, es el más importante de los innumerables dioses domésticos que protegen el hogar y la familia en China, también venerado en la cultura vietnamita.

La noche del día 23 del último mes lunar, antes del Año Nuevo Chino, es costumbre que las familias preparen una cena ritual para Zao Shen. De esta manera, le despiden antes de que el dios ascienda al cielo, donde debe informar al Emperador de Jade sobre el comportamiento que ha tenido cada familia a lo largo del año. Luego, tras pasar el informe, Zao Shen regresa a la tierra el día del Año Nuevo Lunar con sobres rojos con dinero para premiar el comportamiento de cada familia. Es muy frecuente encontrar la imagen de esta deidad en las cocinas chinas. Se trata de una especie de altar situado cerca de los fogones o sobre la chimenea, donde se coloca una imagen de Zao Shen de papel o cartón. Así se aseguran de que el dios proteja a la familia, y de dar al hogar una predisposición favorable hacia la prosperidad.

Es evidente, pues, la reverencia que tanto la cultura occidental como la oriental han manifestado durante siglos hacia la cocina.

Ya sea como lugar de creación, de reunión o de culto, el papel de la cocina en la vida diaria es crucial y hay que darle la consideración que se merece.

Dónde ubicarla y cómo decorarla

El papel de la cocina en la casa es sumamente importante, como hemos podido ver en el capítulo anterior. Por ese motivo, conviene tenerla muy en cuenta si queremos convertir nuestro hogar en un verdadero paraíso. Lo primero que tenemos que considerar es su ubicación y la decoración, ya que de ellas depende que logremos generar la energía y el equilibrio adecuados para nuestro bienestar.

Veamos qué consejos dan las antiguas técnicas orientales sobre dónde debe estar ubicada y cómo hemos de decorarla.

EN EL *FENG SHUI*

Según esta milenaria ciencia china, en la cocina confluyen el fuego y el agua.

Fuego. Está actualmente representado por los fogones, el horno y el microondas.

Agua. Lo simbolizan el fregadero, la nevera, el lavavajillas y la lavadora.

Puesto que agua y fuego son elementos opuestos, deben mantenerse separados. Lo más conveniente sería que los fogones, el horno y el microondas estuviesen en una pared, y la pila, el fregadero y la nevera, en otra. Pero si esto no fuese posible, es recomendable colocar algún elemento de metal o de madera, ya sean tarros de cocina, una tabla de cortar de madera o cualquier otro instrumento que haga la función de barrera.

Los objetos que representan el agua y los que representan el fuego no deben estar juntos ni enfrentados.

Los fogones son una parte muy importante para este sistema chino milenario, que aconseja cuidarlos, mantenerlos limpios y en perfecto estado, y utilizarlos regularmente. También es recomendable que se usen todos por un igual, de manera que no haya ninguno estancado.

Otro elemento a tener en cuenta es la puerta, que no debe estar ubicada frente al baño o mirando directamente hacia la puerta de entrada a la vivienda. Puede estar cerca pero no justo delante.

En cuanto a la decoración, el *Feng Shui* aconseja evitar el abuso de objetos y de colores. Es importante que los tonos que escojamos para decorarla no sean ni muy cálidos ni muy acuáticos, ya que podría producirse un desequilibrio entre el fuego y el agua. Lo ideal son colores claros como el blanco, el ocre, el arena o el beige, combinados con azules y verdes pálidos.

En el *Vastu Shastra*

El sistema védico, que armoniza las construcciones con las leyes del universo, da una serie de pautas sobre la cocina destinadas a mantener este equilibrio.

Según esta milenaria ciencia, la zona sureste está relacionada con el fuego. Este elemento se asocia con la energía que es fuente de vitalidad y éxito y, además, nos conecta con lo Divino. Por eso la cocina debe ubicarse en esta zona, así como los aparatos eléctricos como el microondas, la tostadora, la cafetera y artilugios similares. Y no debe estar al lado de un baño, ni quedar directamente frente a la puerta de entrada a la casa.

El *Vastu Shastra* recomienda no poner la encimera tocando a la pared, sino a unos 8 cm. En cuanto a los colores, desaconseja el negro, son preferibles los tonos amarillo, rosa o marrón.

Tanto en un sistema como en el otro consideran la cocina como un lugar relevante dentro de la casa, responsable de la prosperidad y el éxito familiar.

Puesto que la cocina es un lugar de creación y de encuentro, debemos hacer todo lo posible por hacerla funcional y cómoda. Recordemos la conveniencia de mantenerla limpia y ordenada, pero también confortable y relajante. Para esto último podemos ayudarnos de plantas o cualquier otro elemento natural, como cestos de frutas e incluso imágenes de paisajes, que aportarán una sensación de calma al ambiente.

Por último, no debemos olvidar mantenerla bien iluminada, a ser posible con luz natural, para beneficiarnos de los aspectos energéticos y calmantes de la energía solar.

Alimentación holística

La nutrición convencional estudia la relación entre la ingesta de alimentos y la salud. Para ello, tiene en cuenta los diferentes procesos que se producen en el organismo para asimilar los nutrientes, así como su efecto, ya sea saludable o no. Este concepto poco tiene que ver con la nutrición holística que, en lugar de ver a las personas como un organismo genérico, pone su enfoque en la individualidad de cada uno. Es decir, que considera que cada ser humano es diferente y que, por lo tanto, sus necesidades nutricionales son distintas.

La alimentación holística se basa en el enfoque del individuo como un todo y tiene como objetivo equilibrar su cuerpo, su mente y su forma de vida. Defiende que no existe una única dieta que funcione igual para todo el mundo, ni permanentemente, por lo que valora la alimentación natural y en equilibrio con los aspectos emocional, espiritual y físico de cada persona.

De acuerdo con este sistema holístico, para estar sanos hemos de lograr que cuerpo, mente y forma de vida estén equilibrados. Por el contrario, si alguno de estos tres aspectos se desestabiliza, podríamos enfermar debido a la estrecha vinculación que los une.

A veces son necesarios algunos cambios para lograr ese equilibrio, por ejemplo, dejar hábitos que nos hacen sentir mal, mantenernos o lograr estar en nuestro peso, aprender a disfrutar de los detalles de la vida.

Lo importante, según la alimentación holística, es dejarse guiar por el instinto, ya que nadie mejor que nuestro propio cuerpo sabe lo que necesita.

Por desgracia, hace mucho que dejamos de escucharnos. La alienación que provoca la vida actual nos ha alejado de nuestra parte más natural y nos hemos vuelto sordos a nuestra propia intuición. Por eso es tan importante estar atentos a sensaciones corporales y despertar la conexión natural con nuestro organismo.

Además, también es fundamental nutrirse de la energía que fluye en nuestras vidas, como las emociones, las creencias, las relaciones o la vitalidad. Esto nos ayudará a conectarnos de nuevo con la naturaleza y, por consiguiente, con nosotros mismos. A partir de aquí, podremos analizar lo que ocurre en nuestro interior y arreglarlo.

La nutrición holística se basa en dos tipos de alimentación:

Primaria. Comprende emociones, sentimientos, creencias, relaciones y actividades.
Secundaria. Abarca la parte física, la clase y la calidad de los alimentos que consumimos.

ALIMENTACIÓN PRIMARIA

Hace referencia a nuestro estilo de vida, y es la que nutre nuestra mente y espíritu. Es decir, que si nuestras relaciones, emociones, creencias y todas nuestras actividades están equilibradas nos sentiremos llenos de vitalidad.

Esta alimentación es el motor que nos hace levantarnos cada día, nuestra motivación diaria, nuestro propósito existencial y, si se desequilibra, incidirá inevitablemente en la alimentación secundaria. Entonces dejaremos de comer o lo haremos en exceso, a deshoras, con rapidez o de cualquier manera.

ALIMENTACIÓN SECUNDARIA

Es todo aquello que ingerimos, ya sean proteínas, vitaminas o carbohidratos. Estos alimentos nutren nuestro organismo a nivel biológico y son necesarios para el correcto funcionamiento de nuestras funciones vitales.

Por lo tanto, es importante cuidarla, pero siempre teniendo en cuenta que no va a satisfacer o aliviar nuestras necesidades emocionales, de las cuales se encarga, como hemos dicho, la alimentación primaria.

Al margen de estos principios, hay que tener en cuenta la individualidad de la persona.

Ser conscientes de que no todos los alimentos son igual de beneficiosos para todo el mundo, ni las actividades, ni la intensidad, ni las maneras de enfocar la vida. Por eso los profesionales en nutrición holística se centran en enseñar a comer sano y a escuchar al propio cuerpo.

PAUTAS DE NUTRICIÓN HOLÍSTICA PARA NUESTRO DÍA A DÍA

Estas son algunas de las pautas que podemos incorporar a nuestros hábitos, para conseguir una nutrición holística que nos ayude a armonizar con nuestro hogar y nuestro entorno:

Comer de todo y variado. Los alimentos prohibidos no existen, ni tampoco hay prioridad de unos sobre los otros. Una dieta variada debe de incluir: hidratos de carbono, proteínas, grasas, vitaminas, minerales y fibra.

Evitar pasar hambre. Hay que intentar encontrar un equilibrio entre la saciedad y el apetito. Los extremos no son buenos.

Hacer ejercicio. La actividad física realizada de manera regular contribuye a un mejor estado de salud y de ánimo.

Descanso. Dormir las horas necesarias ayuda al cuerpo a asimilar los nutrientes, además de influir en el estado de ánimo.

Diversión. Es preciso disponer de un tiempo para realizar todo aquello que nos llene y nos haga disfrutar de la vida y de la buena compañía.

Para terminar, conviene insistir en el hecho de que la alimentación no es tan solo aquello que consumimos. **Alimentarse también es relacionarse con otras personas, disfrutar del tiempo libre, mantener una actividad física continuada, cultivar aficiones y ser conscientes de nuestro presente.**

De esta manera lograremos equilibrar cuerpo, mente y entorno, y nos resultará fácil trasladar esa armonía a nuestro hogar.

Alimentos y *chakras*

La tradición hinduista denomina a los centros energéticos del cuerpo humano *chakras*, que en sánscrito significa «rueda» o «disco». Se trata de unos centros de energía que no se pueden medir y que controlan todos nuestros órganos.

Se cree que en nuestro cuerpo hay cientos de *chakras*, aunque los más importantes son siete que están alineados a lo largo de la columna. Estos discos energéticos codifican la información que nos rodea, ya sean las vibraciones magnéticas de los colores o el estado de ánimo de otras personas, por lo que si hay alguna perturbación en el ambiente nuestros *chakras* van a percibirla.

La energía invisible que los anima se llama *prana*, que en sánscrito significa aire inspirado, y es la fuerza vital que hace que nos mantengamos saludables y vigorosos.

Todos los órganos y glándulas que forman nuestra anatomía están conectados con un *chakra* y este, a su vez, con una frecuencia vibratoria de color. Esto quiere decir que están vinculados a nuestra salud física, mental y emocional del sistema circulatorio, el corazón y se asocia al color verde y al elemento aire. Equilibra los tres primeros *chakras*, relacionados con el mundo físico, y los tres siguientes, pertenecientes a la dimensión espiritual. Aquí reside nuestro espíritu, nuestra verdadera esencia.

Muladhara, **primer** *chakra* **(raíz).** Está situado en la base de la columna, bajo el sacro, y se asocia al color rojo y al elemento tierra. Por su ubicación alude a la raíz, al arraigo físico y emocional, por lo que nos da la energía necesaria para satisfacer nuestras necesidades básicas.

Svadhisthana, **segundo** *chakra* **(sacro).** Ubicado en la zona sexual está representado por el color naranja y el elemento agua. Se asocia con el placer, la sensibilidad y la procreación.

Manipura, **tercer** *chakra* **(plexo solar).** Se encuentra entre el ombligo y el corazón, su color es el amarillo y su elemento el fuego. Se asocia al poder, la confianza en uno mismo y, por tanto, a la autoestima.

Anahata, **cuarto** *chakra* **(corazón).** Reside en el órgano principal del sistema circulatorio, el corazón, y se asocia al color verde y al elemento aire. Equilibra los tres primeros *chakras*, relacionados con el mundo físico, y los tres siguientes, pertenecientes a la dimensión espiritual. Aquí reside nuestro espíritu, nuestra verdadera esencia.

Vishuddha, **quinto** *chakra* **(garganta).** Está situado en la parte frontal del cuello, es de color azul y su elemento es el éter. Debido a su ubicación se vincula a la comunicación y se activa con actividades creativas como el canto, el diálogo y la escritura.

Ajna, **sexto** *chakra* **(tercer ojo).** Está justo entre nuestras cejas, en el llamado «tercer ojo». Se asocia al color índigo y su elemento es la luz. Representa la conciencia, al estar situado en un punto que afecta a la percepción del más allá de la materia. Se relaciona con la compasión, la intuición, la imaginación y la clarividencia.

Sahasrara, **séptimo** *chakra* **(corona).** Se encuentra en la coronilla, su color es violeta y su elemento es el pensamiento. Integra los seis centros energéticos anteriores y representa el último escalón en la evolución de la consciencia, el que conecta con la inteligencia cósmica. Se le representa como una flor de loto de cien pétalos, que es el símbolo de la iluminación.

Para que nuestros *chakras* estén sanos es fundamental comprobar si nuestra dieta habitual es la más apropiada. Podría ser que, sin darnos cuenta, estuviésemos ingiriendo alimentos que favorecen más a unos que a otros, provocando un desequilibrio en nuestro organismo.

Así pues, con el fin de evitarlo, tendremos en cuenta esta lista que relaciona cada *chakra* con los alimentos que les benefician.

Primer *chakra.* Alimentos que crecen dentro de la tierra (patata, cebolla, ajo, zanahoria y rábano), proteínas (huevos, carne, productos de soja y tofu).

Segundo *chakra.* Frutas (coco, mango, melón, fresas, fresones, naranjas y mandarinas), frutos secos (avellanas, almendras, nueces...), miel, pescado y marisco.

Tercer *chakra.* Carbohidratos, productos lácteos, legumbres, cereales, y frutas amarillas.

Cuarto *chakra.* Vegetales verdes (col rizada, espinacas, acelgas, lechuga), hortalizas, fruta verde y té verde.

Quinto *chakra.* Alimentos líquidos como zumos, sopas, salsas y tés. También frutas como los melocotones, manzanas, peras y albaricoques.

Sexto *chakra.* Frutas azules y moradas como las uvas, las moras y los arándanos, el chocolate negro, la cafeína, el vino tinto y el mosto.

Séptimo *chakra.* Sustancias que no se ingieren por la boca como el oxígeno, la luz del sol, el incienso y las hierbas aromáticas, y cuya función es desintoxicar.

El *chi* de los alimentos

Ya hemos mencionado que en la cultura china se denomina *chi* a la energía universal, la que anima todo cuanto nos rodea. Esta fuerza vital también está presente en los alimentos y es diferente dependiendo de la forma que estos tengan, de su color, o de la manera en que crecieron y se cultivaron.

Es muy importante contemplar cada alimento como

si se tratase de una fuente de energía para saber qué nos puede aportar. Por ejemplo, las zanahorias o las patatas tienen una energía más potente que los tomates o las calabazas, porque crecen bajo tierra y tienen que superar más obstáculos para desarrollarse. Esto hace que nos proporcionen más vitalidad.

Según sea su *chi*, podemos diferenciar entre alimentos «vivos» y alimentos «muertos».

Las verduras, hortalizas, frutas y cereales contienen una energía de mejor calidad, por lo que son los considerados alimentos «vivos». En cambio, los procesados son considerados alimentos «muertos», ya que absorben el *chi* de la fábrica donde fueron manipulados, perdiendo el suyo propio. Esto mismo sucede con la carne y el pescado provenientes de animales que han padecido encierro y maltrato. Su sufrimiento impregna de negatividad su *chi*.

Así pues, lo más indicado es consumir alimentos que estén «vivos» en el momento de comerlos o de cocinarlos: legumbres, verduras, hortalizas, frutos secos.

En lo que respecta a carnes y pescados, lo mejor sería evitar su consumo, así como el de sus derivados. Si esto no nos es posible, debemos reducirlo y optar por productos obtenidos de manera respetuosa con los animales.

El *chi* está influenciado por dos tipos de energía opuestos, pero que se complementan.

Yin. Energía pasiva, favorece la relajación, la reflexión y la creatividad.

Yang. Energía activa, estimula el movimiento y el progreso.

El equilibrio entre estas dos energías puede ser alterado por algunos factores que intervienen en la preparación de los alimentos. Uno de ellos puede ser el hecho de cambiar su forma, lo que sucede cuando los cortamos, rallamos o licuamos, lo que hace aumentar su *yin*. Otro puede ser cocinarlos demasiado, ya que eso aumentará su *yang*.

Es importante que los alimentos tengan equilibradas esas dos energías, puesto que aportarán numerosos beneficios a nuestra salud. También debemos tener en cuenta lo que queremos obtener para elegir los que sean *yin* o los que sean *yang*.

Si queremos relajarnos y reducir el estrés: alimentos *yin*. Son aquellos refrescantes, con mayor cantidad de agua y azúcar, como frutas, verduras o el yogur.

Si queremos revitalizarnos: alimentos *yang*. Son los que producen calor y contienen más grasas y proteínas, como los huevos, el pescado y la carne.

Hay que tener en cuenta que la manera de cocinar los alimentos puede modificar su energía. Así pues, aunque los crudos son *yin*, cuanto más se cocinen más posibilidades tienen de volverse *yang*. También influye si se preparan a fuego lento o vivo, ya que la llama aportará más o menos energía a la comida y la hará más o menos relajante.

Según la filosofía oriental, lo primordial es que ambas energías estén equilibradas, dando prioridad a los alimentos *yin*, ya que nuestro cuerpo tiene mayor cantidad de *yang*.

El equilibrio de las energías *yin* y *yang* contribuye a que el *chi* de los alimentos fluya y nos proporcione buena salud, serenidad y sosiego.

Infusiones para equilibrar la energía

Las bebidas calientes tienen la capacidad de proporcionarnos una grata sensación de relax, al mismo tiempo que nos hacen sentir saludables y vitales. Esto se debe a que la naturaleza del calor es capaz de relajar y activar nuestro *chi*, o lo que es lo mismo, nuestra energía vital desde dentro.

El agua caliente calma nuestro sistema digestivo al ser ingerida y, una vez asimilada por nuestro torrente sanguíneo, el *chi* de la tisana interactúa con el agua de nuestro interior, influyendo en nuestra salud física y mental.

Las infusiones tienen numerosas propiedades y se usan desde tiempos inmemoriales para sanar todo tipo de dolencias. Lo principal es saber qué precisa en cada momento nuestro organismo para, de este modo, escoger la tisana más adecuada.

En la sociedad actual, dominada por las prisas y las exigencias, lo más habitual es que suframos de ansiedad, insomnio o estrés. En este caso, debemos evitar recurrir a fármacos que puedan crearnos adicción, y optar por hierbas naturales que nos ayuden a mejorar nuestro sistema nervioso. Las más indicadas son las plantas sedantes ingeridas en forma de infusión, ya que activan las funciones naturales de nuestro cuerpo y equilibran su energía. Conozcamos algunas de las más populares y efectivas.

Pasiflora. Conocida también como Pasionaria, Flor de Cristo o Flor de la pasión. Los aztecas ya la utilizaban hace siglos por sus propiedades sedantes y analgésicas. Este relajante natural ayuda a combatir la ansiedad y el estrés, y se recomienda en casos de insomnio, depresión, migraña y dolor de cabeza.

Valeriana. Se considera una de las hierbas medicinales más eficaces contra la ansiedad y los trastornos del sistema nervioso. Es muy aconsejable para tratar casos de ansiedad, estrés, angustia y nerviosismo.

Kava. Esta planta pertenece a una subespecie de la menta y es muy beneficiosa para reducir la ansiedad. Se ha demostrado a través de diversos estudios que también es útil para combatir estados de crisis nerviosa e insomnio.

Lúpulo. Consumida en forma de infusión, esta planta de sabor amargo actúa sobre el sistema nervioso, beneficiando al sueño. Además de combatir el insomnio, el nerviosismo y la ansiedad, mejora la digestión y relaja los espasmos musculares.

Melisa. Se trata de una planta medicinal con propiedades tranquilizadoras y se la conoce también como toronjil. Desde tiempos antiguos se ha utilizado para aliviar los estados nerviosos. Es muy recomendable para tratar problemas de insomnio y ansiedad, pero también del aparato digestivo.

Manzanilla. La infusión de esta planta tiene efectos sedantes y calmantes, por lo que no es de extrañar que sea uno de los remedios naturales más conocido para tratar el insomnio. También es famosa como remedio de los problemas digestivos. Por si todo esto no fuese suficiente, además, tiene propiedades analgésicas.

Tila. Otra planta medicinal muy conocida. Al igual que la valeriana, se utiliza para calmar los nervios y poder dormir, aunque no es tan potente como esta. Debido a sus efectos sedantes, una infusión de tila antes de acostarse ayuda a conciliar el sueño con más facilidad. También es relajante y antiespasmódica, por lo que es beneficiosa para combatir problemas estomacales.

Aunque el ritmo vertiginoso de la forma de vida actual nos provoca una aceleración que es preciso mitigar, hay ocasiones en que necesitamos energizar nuestro cuerpo. El desgaste producido por ese día a día tan activo requiere una fuente adicional de vigor, que regenere y fortalezca nuestro organismo. Seguidamente proponemos algunas alternativas.

PLANTAS PARA PREPARAR INFUSIONES QUE NOS APORTEN ENERGÍA

Aloe Vera. Es una de las plantas más populares y versátiles que se conocen. Su fama se debe a sus numerosas propiedades curativas. Una de sus mayores virtudes es la de ser un poderoso nutriente que nos aporta vitaminas, minerales, proteínas y aminoácidos. Esto la convierte en un excelente reconstituyente para nuestra salud.

Guaraná. Otro magnífico vigorizante que activa

nuestra energía, potencia nuestra memoria y mejora nuestro estado de ánimo. Se recomienda tomarlo con prudencia, ya que es más excitante incluso que el café.

Ginseng. Se trata de uno de los energizantes naturales más reconocidos, gracias a su capacidad para combatir la debilidad y el cansancio tanto físico como intelectual. También es efectivo como antioxidante, lo que lo convierte en un aliado contra el envejecimiento celular y enfermedades como el cáncer.

Yerba mate. Además de ser más estimulante que el té, aporta magnesio, potasio, sodio, hierro y vitaminas. Las xantinas que contiene son unos compuestos que activan nuestro sistema nervioso central, con lo que nuestra actividad mental se pone en marcha y aumenta nuestra energía.

Romero. Esta hierba medicinal estimula la circulación sanguínea, sobre todo el riego que se dirige al cerebro, por lo que potencia nuestra capacidad de concentración y alivia el cansancio. Además de aportarnos energía y ser un excelente tonificante, previene y cura las infecciones, ayuda al sistema respiratorio y favorece la digestión.

Las hierbas ingeridas en forma de infusión pueden ayudarnos a mantener equilibrados nuestros *chakras*. Recordemos que estos centros energéticos influyen en nuestro cuerpo y en nuestra conciencia y, por lo tanto, es muy conveniente cuidar de ellos. Veamos qué posibilidades tenemos.

Diente de león para el *chakra* raíz. La infusión de esta hierba medicinal ayuda a mantener el correcto funcionamiento del hígado y los riñones. Es un gran depurativo que limpia y desintoxica nuestro organismo. Tomar diente de león ayudará a evitar los problemas que pudiera producir un desequilibrio en este *chakra*, que nos conecta con la tierra.

Gardenia y caléndula para el *chakra* del sacro. Las propiedades relajantes de la gardenia son útiles para aliviar los problemas derivados de un bloqueo de este *chakra*, como pueden ser trastornos reproductivos, alimentarios o del tracto urinario. La caléndula, por su parte, ayuda a regular el ciclo menstrual.

Bergamota para el *chakra* del plexo solar. Esta planta frutal es muy beneficiosa para el sistema digestivo. Teniendo en cuenta que este *chakra* es el centro del poder de las emociones y del autocontrol, una infusión de bergamota favorecerá su equilibrio evitando males como depresión, baja autoestima, anorexia, úlceras o indigestión.

Espino Blanco para el *chakra* del corazón. Esta planta tiene propiedades vasodilatadoras de las arterias coronarias y ayuda al corazón a bombear sangre con más fuerza. Así pues, nada mejor para este *chakra* que cuando está bloqueado puede provocarnos problemas circulatorios, además de tristeza, ira, celos o miedo.

Trébol rojo para el *chakra* de la garganta. Para evitar los problemas de laringitis y de tiroides derivados de un bloqueo de este *chakra*, es muy aconsejable la infusión de trébol rojo. Esta planta medicinal tiene propiedades expectorantes y antiespasmódicas muy eficaces en el tratamiento de problemas que afectan a la garganta.

Menta para el *chakra* del «tercer ojo». Esta planta elimina los bloqueos de este *chakra* asociado con la intuición y la glándula pineal. Cuando está obstruido, nuestra imaginación y nuestro instinto se resienten. Una infusión de menta nos ayudará a volver a abrirlo y a combatir las migrañas, dolor de oídos o pérdida de memoria que nos pudiese haber ocasionado.

Lavanda para el *chakra* de la corona. La infusión de esta planta abre el séptimo *chakra*, asociado con la sabiduría y la iluminación. Entre las múltiples propiedades de la lavanda destaca la de alinearnos con la energía universal y ayudar a mejorar la meditación.

Una vez vistas las infusiones que pueden ayudarnos a equilibrar nuestros *chakras*, conviene tener en cuenta la medicina tradicional india ayurvédica. Veamos qué es lo que dice la más antigua de las prácticas medicinales que aún sigue en uso, en referencia a las infusiones que más nos convienen. Pero, antes, repasemos cuáles son los tres *doshas*, las fuerzas biológicas que, según este sistema médico, rigen las funciones del cuerpo.

El biotipo de cada persona lo determina el predominio de uno, dos o los tres *doshas* en su organismo. Para potenciar o equilibrar las propiedades de cada uno de ellos, podemos prepararnos infusiones ayurvédicas que, además, nos ayudarán a mantener la armonía entre nuestros *doshas*.

INFUSIONES AYURVÉDICAS

Vata. Hecha de regaliz, canela, jengibre, clavo e hinojo. Las propiedades relajantes de estos ingredientes contribuyen a aportar relajación y calma.

Por eso es muy eficaz para combatir el insomnio y el nerviosismo, además de propiciar la concentración.

Pitta. Se elabora con regaliz, rosas, hinojo, cardamomo y jengibre. Muy recomendable para equilibrar las emociones, facilitar la digestión y aliviar las contracturas musculares. Estimula la claridad mental y ahuyenta las sensaciones de enfado y frustración.

Kapha. Una mezcla de jengibre, regaliz, canela, clavo, pimienta negra y cardamomo será el mejor aliado para mejorar nuestro estado de ánimo y darnos vitalidad. Esta infusión es perfecta para estados depresivos y agotamiento, ya que proporciona vigor y optimismo.

Estas infusiones pueden combinarse de la manera que más nos guste, teniendo en cuenta nuestras necesidades y observando sus efectos, para comprobar cuál de ellas nos sienta mejor.

La preparación es fácil ya que solo requiere agregar media cucharada de cada especia al agua a punto de hervir, tapar el recipiente y esperar cinco minutos. Después se cuela y ya está lista para tomar.

Lo importante, como ya hemos señalado, es escuchar nuestro cuerpo para escoger aquella tisana más adecuada a lo que precisemos en cada momento. Aunque tampoco es necesario tener una dolencia o una necesidad para disfrutar del placer de una infusión.

El simple hecho de dedicarnos un tiempo para preparar una infusión y disfrutar mientras la tomamos ya nos aporta numerosos beneficios.

En este sentido, el té cuenta con todo un ritual que vale la pena mencionar en un capítulo aparte, así como sus propiedades y toda la leyenda que lo envuelve.

El té, una forma de vida

La infusión hecha de hojas y brotes de la planta de té es la segunda bebida más consumida en el mundo, solamente superada por el agua. Su origen milenario se sitúa en el continente asiático, donde hace siglos que se utiliza como revitalizador físico y espiritual.

Su expansión por los países orientales es debida especialmente a los monjes budistas, que difundieron su consumo por toda Asia. En Europa se descubrió más adelante, ya en el siglo XVII, gracias a la Compañía Holandesa de las Indias Orientales. Desde entonces, la popularidad de esta bebida, de la cual existen más de tres mil variedades, ha ido creciendo, de manera que su consumo alcanza ya prácticamente a la totalidad de países del mundo.

Aun así, hay una faceta del té que permanece todavía bastante desconocida para Occidente, donde se lo relaciona exclusivamente con la salud, el bienestar y la paz mental.

Existe una larga tradición que vincula el té con la meditación, la cultura, el arte y la sociedad, convirtiéndolo en una forma de vida.

La preparación del té contiene todo un trasfondo cultural e, incluso, religioso, debido a los lazos que unen a esta infusión con el budismo. Durante siglos, los monjes budistas la han utilizado como una vía de meditación y de relajación, ya que descubrieron que su consumo les ayudaba a mantenerse despiertos. Y es que, como dijo el poeta chino Tien Yiheng:

El té se bebe para olvidar el continuo estruendo
del mundo.

El origen del té tiene raíces míticas. China y Japón tienen sus propias leyendas para explicar de dónde proviene.

LEYENDA CHINA

Se trata de un famoso relato que explica que fue el Emperador Shen Nung quien descubrió el té hace más de cinco mil años. Según este mito, el emperador descansaba bajo un árbol junto a un fuego donde se calentaba agua en un caldero. De pronto, unas hojas cayeron sacudidas por el viento y fueron a parar dentro del recipiente. Cuando Shen Nung probó el agua se sintió relajado y con la mente tranquila. Complacido con el descubrimiento, animó a su pueblo a cultivar la planta y a preparar infusiones con sus hojas y brotes.

LEYENDA JAPONESA

En Japón se cuenta un relato muy distinto que tiene a Bodhidharma, el fundador del budismo *zen*, como protagonista. El monje había hecho la promesa de meditar durante siete años, pero una noche el sueño le venció y se durmió. Cuando despertó, estaba tan enfadado consigo mismo que se cortó los párpados y los arrojó lejos de sí. En cuanto estos tocaron el suelo, de la tierra brotó una planta que resultó ser de té. Admirado al ver el milagro, Bodhidharma se preparó una infusión con las hojas, pudiendo comprobar sus beneficiosos efectos. De hecho, en la escritura japonesa, los caracteres para párpado y té son los mismos.

Con el tiempo, tomar té se fue revistiendo de una serie de protocolos que dieron origen a la ceremonia del té.

La práctica del *chado, chanoyu,* camino del té, o como se la conoce en Occidente, ceremonia del té implica toda una filosofía. Este antiguo ritual se sostiene en cuatro principios que representan los ideales más altos del ser humano, y le ayudan en su crecimiento espiritual.

Cada uno de los pasos que componen este ceremonial contribuye a frenar el ritmo de la vida diaria, y a conectar a los participantes con el presente y la naturaleza que les rodea. De este modo, las energías mentales se concentran y el cuerpo se relaja, haciendo del rito un momento casi sagrado.

Japón y China han hecho de esta práctica todo un arte que concentra la esencia de la particular forma de vida de cada uno de estos países. Seguidamente, resumiremos las características básicas de cada uno de los dos procedimientos.

GONGFU, CEREMONIA DEL TÉ EN CHINA

Esta tradición es mucho menos conocida que la de Japón, ya que las ceremonias del té no son muy habituales en China. *Gongfu* significa «habilidad adquirida con la práctica» y de eso se trata, ya que el ritual exige experiencia y destreza. La maestría del anfitrión es clave para que los invitados puedan saborear un té en condiciones óptimas, lo que les ayudará a relajarse y propiciará la meditación.

En esta ceremonia es muy importante la calidad y la temperatura del agua. El té que se utiliza es Oolong, más aromático y suave que las variantes verde, roja o negra. Para su preparación se emplean unas teteras más pequeñas que las que se usan en Occidente y hechas de barro. Después, la infusión se vierte en tacitas del mismo material.

El ritual consiste en una serie de infusiones que permiten que los invitados disfruten del sabor cambiante del té. Se inicia enjuagando todos los recipientes que se van a utilizar, luego se llena la tetera con las hojas de la planta y se vierte agua hirviendo hasta cubrirlas. No deben usarse ni las manos, ni utensilios de metal, solo cucharas de bambú o madera. El agua debe estar a punto de hervir y nunca se ha de calentar en el microondas. Esta primera infusión es solo para lavar las hojas, por lo que se tira y se vuelve a verter agua caliente de nuevo en la tetera, que se deja reposar durante un minuto. Después, se vierte en las tazas de aroma y en las de bebida, y los invitados huelen y saborean la infusión. Durante la ceremonia las tacitas se llenan de quince a treinta veces.

CHANOYU, CEREMONIA DEL TÉ EN JAPÓN

La cultura japonesa del té está muy influenciada por el budismo *zen*. Por ese motivo, su propósito es purificar y relajar la conciencia a través de la fusión con la naturaleza. La ceremonia del té es la expresión de esta filosofía basada en la sencillez y la naturalidad. Es por ello que todos y cada uno de los pasos de este ritual están pensados para reflejar esas ideas que se transmiten mediante los movimientos del maestro, los objetos empleados y el ambiente donde se realiza.

Normalmente se lleva a cabo en una casa de té, un edificio similar a una cabaña situado generalmente en mitad de un jardín, en cuyo interior se encuentra la habitación del té, un cuarto de espera y una estancia que sirve para guardar los cerca de cincuenta utensilios que se utilizan en el ritual.

El proceso se inicia cuando el anfitrión, vestido con un kimono de seda, prepara la habitación con arreglos florales, iluminación, decoración y todo lo necesario teniendo en cuenta la estación del año y la hora del día en que tiene lugar la ceremonia.

Por su parte, los invitados deben purificarse en una fuente del jardín antes de entrar en la casa. El acceso lo realizan a través de una puerta que mide apenas medio metro de altura, lo que les obliga a agacharse como gesto de humildad. Una vez en el interior, tanto los invitados como el anfitrión se arrodillan en tatamis y el dueño de la casa limpia las tazas. Cada movimiento que realiza está fijado y cuidadosamente estudiado, desde el lugar donde deja cada utensilio hasta el tiempo que dura cada paso.

El anfitrión pone tres cucharadas de *matcha,* té verde molido, en cada tazón y vierte en él agua caliente. Lo remueve con un batidor de bambú obteniendo un líquido espeso. El invitado principal toma el recipiente, lo coloca en la palma de su mano izquierda, le da un sorbo, limpia el borde por donde ha bebido y lo pasa al siguiente participante, que repite el mismo procedimiento, con lo que el tazón pasa sucesivamente por todos los participantes.

Después, el anfitrión prepara cuencos individuales de un té más suave y ligero para cada invitado. Esta es la parte final del proceso que indica que la ceremonia está a punto de finalizar. Una vez que el anfitrión acaba de limpiar y recoger los utensilios, hace una reverencia a los invitados para avisarles que el ritual ha terminado y estos abandonan la sala. En total, la ceremonia puede llegar a durar unas 4 horas.

Estas prácticas son el resultado de siglos en los que han ido asumiendo la cultura y filosofía propias de cada país. Pero, en definitiva, de lo que se trata es de ser plenamente conscientes del momento, de lo que estamos haciendo, y de dejarnos llevar por el placer de degustar una taza de té.

Si lo deseamos, podemos crear nuestra propia ceremonia diseñando los pasos necesarios que hagan de nuestro hogar el entorno más propicio para acoger este pequeño-gran instante.

Es lo que expresa a la perfección la frase del maestro *zen* vietnamita Thich Nhat Hanh:

Bebe tu té lenta y reverentemente como si fuera el eje que hace girar el mundo: lentamente, serenamente, sin precipitarte hacia el futuro.

4

El templo del descanso.
Cómo eliminar el estrés de nuestro dormitorio. Rituales placenteros para dormir mejor

Dormir es una de las actividades más importantes de nuestra existencia. Mientras dormimos descansamos, reponemos energías, procesamos mentalmente todo aquello que nos ha pasado durante el día, e incluso proyectamos en nuestros sueños los deseos y anhelos que nos animan.

Por este motivo, nuestra habitación debe ser un espacio que favorezca el descanso. Conseguirlo implica la aceptación de unas reglas en el marco de un gran universo de posibilidades, lo que vamos a tratar en este capítulo.

Ante todo, es importante afrontar nuestros momentos de descanso con una actitud adecuada. Si nos vamos a dormir con la mente llena de preocupaciones y problemas es probable que, por muy cómodo que sea nuestro colchón, nos pasemos toda la noche dando vueltas en la cama o despertándonos sobresaltados por pesadillas recurrentes. Por lo tanto, debemos dirigirnos hacia el dormitorio con consciencia de que nuestra mente debe vaciarse.

LA HISTORIA DE LA TAZA DE TÉ.
APRENDER A DESAPRENDER

La necesidad de aprender a desaprender, o de vaciarnos cuando estamos excesivamente llenos, queda reflejada en una tradicional historia *zen*.

Un joven, ansioso por aprender, acudió a un sabio para poder ser su alumno. El maestro, después de recibirlo con gran amabilidad, le sirvió té en una taza.

Ante el asombro del muchacho, cuando el líquido se derramaba, el sabio continuaba llenando la taza sin inmutarse. Alarmado, el joven le advirtió de lo que estaba ocurriendo, a lo que el maestro respondió:

—Como esta taza, tu mente está llena de opiniones y especulaciones de todo tipo. Para aprender debes empezar por vaciar tu taza. Mientras no seas capaz de vaciarla, ni yo ni nadie podremos ayudarte a adquirir más conocimientos.

Luego, para dar más énfasis a su historia, el maestro añadió:

—Hay que vaciarse para poder llenarse. Una taza solo sirve cuando está vacía.

Este relato nos demuestra que, más que aprender cosas nuevas, lo que hay que hacer es desaprender las que hemos estado utilizando hasta ese momento. Desechar lo que llevamos haciendo toda nuestra vida, y que ya ha caducado, para poder encontrar nuevos caminos.

Así pues, y siguiendo con el tema de este capítulo, es recomendable realizar unos pequeños ejercicios que nos favorecerán antes de plantearnos el descanso nocturno:

- Escuchar unos mantras (en YouTube encontraremos infinitas opciones), música de cuencos tibetanos o sonidos de la naturaleza, que también son muy relajantes.
- Quemar unas barras de incienso. Su perfume también contribuye a vaciar nuestra mente, que es el objetivo principal que nos planteamos. El aroma espiritual que desprenden (podemos escoger entre diferentes variedades) es un acelerador para concentrarnos y encontrar un estado de ánimo óptimo.
- Contemplar una vela encendida. Fijar la mirada en su llama, mientras intentamos ver todo aquello con que nos ha bombardeado el día como una película de la que nos iremos alejando paulatinamente.
- Respirar. Aspirar aire, libres de ataduras, profundamente, sintiendo nuestro cuerpo en conexión con el universo, de manera gradual. Avanzando con cada inhalación y exhalación.

- Leer un pequeño fragmento de algún libro inspirador. No es necesario que sea muy largo, tan solo que nos transmita alguna idea positiva o que nos ayude a relajarnos y a vaciarnos. Es aconsejable seleccionar previamente la lectura, no dejarla al azar.

Quizás, encontrar este equilibrio antes de nuestro descanso nocturno sea el ejercicio más difícil y también el más necesario. Antes de ir a dormir conviene tener la actitud y la disposición necesarias para llegar al sueño plenamente preparados. Este proceso exige, como es lógico, una preparación.

Recordemos ahora unas palabras del filósofo Alan Watts, de su libro *Serenar la mente*:

Lo que llamamos meditación o contemplación —a falta de una palabra mejor— se supone que debería ser divertido. Tengo ciertas dificultades en evocar esta idea porque mucha gente se toma en serio todo lo que tiene que ver con la religión, y tú debes entender que no soy una persona seria. Puedo ser sincero, pero nunca serio porque no creo que el universo sea serio. [...]

Y el problema se presenta en el mundo en gran parte porque muchos seres humanos se toman a sí mismos seriamente, en lugar de con alegría. Al fin y al cabo tienes que ponerte serio si crees que algo es terriblemente importante, pero nunca pensarás que algo lo es si no tienes miedo a perderlo. En cierto modo, sin embargo, si tienes miedo de perder algo, realmente no vale la pena tenerlo. Hay gente que vive atemorizada, pero se aferra a la vida porque tiene miedo a morir. Probablemente enseñarán a sus hijos a hacer lo mismo y sus hijos a su vez enseñarán a los suyos a vivir así. Y así sucesivamente.

Armonizar el dormitorio

Lo primero que tenemos que tener en cuenta en relación con el espacio que destinamos a nuestro descanso, es que hay que saber encontrar un punto de armonía en el que podamos integrarnos. Nuestro dormitorio debe ayudarnos a poner orden en nuestra mente y deshacer nuestro caos mental. Por este motivo es muy importante la manera cómo lo habilitamos y mantenemos.

Cuando nos planteamos de qué modo decorar el dormitorio, nace en nosotros un mar de dudas razonables, puesto que no somos expertos en este campo.

Para situarnos, podemos partir de unas preguntas básicas:

¿QUÉ ESTILO NOS GUSTA MÁS O CON CUÁL NOS SENTIMOS MÁS CÓMODOS?

Esta pregunta solo tiene respuesta en los cajones de nuestra memoria. El gusto de cada uno es muy personal y se basa en informaciones que se han recibido previamente, así como en matices subjetivos.

Podemos mirar en Internet imágenes que nos ayuden

a situar unas coordenadas. También en revistas y libros de decoración se encuentra mucha ayuda. ¿Nos gusta el estilo *vintage*, somos más minimalistas y *zen*, optamos por el eclecticismo o queremos crear nuestra propia tendencia?

Una vez que hayamos definido el estilo nos daremos cuenta de que es más fácil armonizarlo con la cama y los otros elementos característicos del dormitorio, como las mesitas de noche o las lámparas. Hemos trazado una línea que nos permita apoyarnos en una dirección y entonces se ha reducido el ámbito de opciones y, por lo tanto, de decisiones posibles.

Si hay un aspecto determinante en el dormitorio, clave para facilitar el descanso, es la luz. Si tiene poca luminosidad, le favorecerán los colores claros. Por otro lado, si es frío, hará falta decorarlo con colores cálidos y armonizados con las cortinas y las sábanas.

El espacio, evidentemente, también es un aspecto que debemos tener en cuenta. Su relación directa con los muebles es muy importante. Debemos considerar muy rigurosamente las proporciones y la necesidad de cargar o de aligerar según la disponibilidad de metros cuadrados que tenga nuestro dormitorio.

Para los dormitorios de matrimonio, los expertos en decoración, aunque no exista ningún dogma en este sentido, aconsejan los tonos relajados (color blanco y la madera clara).

Una vez que hayamos trazado unas líneas definidas de cómo queremos que sea nuestro dormitorio y nos hayamos informado con amplitud de miras, podremos diseñarlo con una cierta seguridad. Si bien siempre es recomendable la ayuda de un profesional, que nos resolverá la mayoría de dudas que tengamos y abrirá las puertas a nuevas percepciones, todo aquello que nosotros hayamos trabajado previamente acelerará el proceso y el resultado final.

A parte del estilo, y una vez que hayamos visualizado colores y muebles que nos gustan (cabeceros, mesitas de noche, lámparas, cortinas), surgirá la pregunta que es quizá más importante:

¿CUÁLES SON NUESTRAS NECESIDADES FUNCIONALES?

Es decir, debemos pensar en aspectos técnicos como, por ejemplo, los armarios. Tener en cuenta cómo es nuestro ropero, las cómodas y las mesitas, entre otros. Los tiempos actuales demuestran que todo es posible, pero no hemos de olvidar la pauta obligada de aceptar que **el dormitorio es nuestra zona de descanso.**

Para trabajar ya tenemos otras habitaciones. En esos espacios ya habremos adecuado todos los aspectos que nos sean necesarios para realizar nuestras actividades. Partamos, pues, de nuestras necesidades básicas en el dormitorio, a las que sumaremos nuestros gustos y preferencias, cosa que nos permitirá establecer un diseño funcional de cómo lo queremos.

Para armonizarlo de acuerdo con nuestras preferencias debemos tener en cuenta cada pequeño detalle.

- El cabecero de la cama no es necesario y da además un aire de respiro a la habitación. También se puede optar por una opción de reciclaje, buscando alguna pieza en un mercadillo. Es sorprendente hasta dónde nos puede llevar la creatividad.
- La decisión de qué lámpara poner no es fácil. Sobre todo porque existe una gran variedad en este sentido. Es un elemento que suele durar mucho tiempo. Hemos de meditar bien cuál escoger y procurar que la luz sea la mas adecuada.
- La iluminación individual a ambos lados de la cama se puede conseguir con unos apliques en la pared, o con unas pequeñas lámparas colocadas sobre las mesillas.
- Son muy importantes los elementos textiles de la habitación: sábanas, colchas, cortinas. Por eso debemos escoger los que tengan colores y grabados que contribuyan a nuestra relajación. Evitemos aquellos que nos pongan tensos.
- Los pequeños detalles pueden personalizar la habitación y hacer que nos sintamos más a gusto. Objetos que nos recuerden nuestra infancia o nuestras aficiones, fotos o cuadros en la pared que contribuyan a despejar nuestra mente... No se trata de cargar la habitación, pero sí de que nos encontremos en sintonía con lo que nos rodea.

Debemos recordar siempre que el dormitorio es nuestro espacio. Hemos de sentirnos bien en él.

Descanso energético, mental y emocional

Cuando nuestro cuerpo cae tendido entre las sábanas, empieza la primera fase de nuestro descanso físico, pero también mucho más, un proceso de reposo energético, mental y emocional.

El Día Mundial del Sueño es el 17 de marzo. Este evento anual se plantea como una celebración de esta necesidad biológica y, a la vez, un llamamiento a la acción sobre temas importantes relacionados con esta parte tan vital de nuestra existencia consciente e inconsciente. Con el objetivo de promover el descanso en su ámbito directamente relacionado con nuestra salud, se nos recuerda que el sueño profundo, una dieta equilibrada y el ejercicio regular contribuyen a una mayor calidad de vida y a que esta sea también mejor y más larga.

Existen cien trastornos del sueño, la mayoría tratables. Las personas con un sueño profundo, sin interrupciones, gozan de una mejor salud y tasas más bajas de hipertensión arterial, obesidad y otras enfermedades. También es importante destacar cifras recientes publicadas en estudios, como que en España el insomnio tiene una prevalencia del 30% y casi la mitad de la población mundial (45%) tiene problemas de sueño.

Por otro lado, como destacan los expertos en el tema, dormir menos de cuatro horas al día, o más de nueve, puede aumentar el riesgo de mortalidad. Aunque también, en relación a estas afirmaciones, suelen publicarse estudios contradictorios, y en cada caso depende mucho de la situación y de la salud de cada persona en particular. En este ámbito, como en la mayoría de otros de nuestra vida, suele regir la regla de que ni los excesos ni los extremos son buenos.

Dormir bien es necesario y contribuye a hacer nuestra vida más larga. La clave está en que un buen descanso es fundamental para conseguir un mayor rendimiento en nuestra jornada diaria y es la mejor manera de contribuir a presionar menos a nuestro cuerpo y a nuestra mente. Y a la vez, al hacerlo así, también logramos que en el ámbito espiritual nos encontremos mucho mejor y menos agobiados.

El sueño es uno de los grandes tabús de nuestra sociedad, puesto que no se le da la importancia que realmente tiene para el funcionamiento de nuestro organismo. Acostumbrados a que si un día no dormimos bien el siguiente lo recuperaremos, dejamos de lado que un mal estado general o no saber gestionar nuestras emociones y problemas, puede inducir a un descanso negativo que repercuta en el conjunto de nuestra salud.

Datos como que se puede morir antes por falta de sueño que por falta de comida, o de que no se puede vivir más de seis días durmiendo menos de cuatro horas, permiten entender la importancia y la necesidad del tiempo de descanso.

En los entrenamientos de las fuerzas especiales se prepara a los soldados para resistir horas sin dormir, alternándolo luego con obligarles a dormir en exceso. Esto se hace porque en caso de ser capturados, una de las primeras prácticas que se emplean para desestabilizarlos y sacarles información es alterarles el sueño.

No olvidemos que, en tanto que seres humanos, nos regimos por el orden biológico al que pertenecemos. Solamente debemos fijarnos en cómo los animales son muy meticulosos en sus tiempos de actividad y de descanso, sus horarios están en sintonía con la salida del sol y su puesta. Fijémonos, por ejemplo, en nuestra mascota y nos daremos cuenta de cómo cumple los horarios a rajatabla, tanto en lo que se refiere al sueño como en lo relativo a la alimentación.

No debemos olvidar que no dormir bien o tener una mala calidad de sueño repercute de forma negativa en nuestra salud. Estudios de los últimos años relacionan el hecho de no dormir bien y los trastornos del sueño con rasgos metabólicos de la obesidad. También el ictus es más frecuente en aquellas personas que sufren apnea obstructiva del sueño, además de otras afectaciones de la salud.

Las campañas que se están fomentando a favor del sueño se dirigen principalmente a las personas que duermen menos de siete horas diarias. Se les recomienda hacer ejercicio físico —nunca a última hora del día—, o no conectarse a la red antes de ir a dormir, dieta equilibrada y horarios regulares.

El sueño es sin duda la mejor medida para reponernos del desgaste físico diario, a nivel energético, mental y emocional. Por otro lado, existen dos tipologías muy claras en relación con el sueño: una es la de aquellos que rinden mejor por la mañana, son los que se acuestan temprano y los que se levantan también a primera hora. La otra es la de aquellos que rinden mejor por las tardes, acostándose tarde y levantándose tarde.

El sueño es de obligada práctica diaria. Del buen uso que sepamos hacer de esta necesidad humana, dependerá la capacidad de trabajo y productividad que tengamos el día siguiente. **Hay que recargar las pilas cada día y debemos aprender a hacerlo de la manera adecuada.**

Los atrapasueños

¿Quién no se ha sentido en un momento u otro seducido por la magia que desprenden los atrapasueños? Se trata de un objeto hecho de manera manual, con una base consistente en un aro fabricado de forma tradicional con madera de sauce, una red en su interior y decorado con objetos entre los que destacan las plumas.

La tradición de las culturas de los indios nativos de Norteamérica nos ha legado esta conexión con el mundo onírico que, según la creencia popular, permite filtrar los sueños negativos, dejando para el durmiente solamente los que son de carácter positivo y beneficioso. El atrapasueños es una maravillosa red en la cual se quedan atrapadas las pesadillas, en las cuentas de piedras, según se dice, y que, por la mañana, con la llegada del sol, se queman a la luz del día, perdiendo así su poder y liberando a la persona de sus efectos.

Se atribuye el origen de los atrapasueños a los ojibwa, uno de los pueblos nativos de Norteamérica. Los elaboraban atando hebras vegetales teñidas de rojo en el interior de una argolla circular o con forma de lágrima de madera, lo que recordaba a una telaraña. El atrapasueños, colgado sobre la cabecera de la cama, se usaba como hechizo protector de los niños, evitándoles las pesadillas y las visiones malignas. Aunque también cabe decir que, según sea el pueblo indio, puede construir el atrapasueños de una manera u otra y la técnica de atrapar las pesadillas se interpreta de una forma u otra.

Los atrapasueños han llegado a ser objetos de carácter popular en todo el mundo, versionándose incluso según diferentes culturas que nada tienen que ver con la que le dio su origen. Al convertirse en una moda, también se han desvirtuado sus raíces más tradicionales. Aunque haya quien no crea en su poder, hacerlo es una buena forma de facilitar que este funcione de verdad.

Según los expertos en este arte, la forma circular del atrapasueños es una representación del movimiento del sol y de la luna en la esfera celeste, y una conexión del ser humano con sus raíces naturales y la tierra. En cierta manera, este objeto es una ventana a otras dimensiones, por lo que es muy poderoso en las culturas chamánicas. En su centro se sitúa el vacío, el espíritu creador, el gran misterio de la trascendencia que no comprendemos pero que intuimos y que puede darnos la fuerza necesaria para vencer nuestros miedos más íntimos.

El atrapasueños se considera un objeto positivo y de carácter protector. Hay que dejar que la telaraña filtre los buenos sueños de aquellos que no lo son, favoreciendo nuestro descanso y a la vez nuestra regeneración energética.

La palabra «atrapasueños» proviene del vocablo inglés *dreamcatcher.* En la lengua de los ojibwa se llama *asabikeshiinh.* La traducción de esta palabra es «araña». También se le conoce como *bawaajige nagwaagan* o cepo de los sueños. Durante los años sesenta los ojibwa comercializaron estos objetos, cosa que criticaron otras tribus porque consideraron que se violaba un secreto arcano y ancestral. La popularización de los atrapasueños fue llegando con el paso del tiempo, pero ya propiamente como objetos de consumo y de adorno, sin el proceso mágico del chamán que lo dotaba, desde la perspectiva de las creencias, de su fuerza mística capaz de atrapar los sueños y filtrarlos con su red.

Sobre este objeto mágico se cuenta una curiosa leyenda, protagonizada por una mujer araña, Asibikaashi. Velaba por las criaturas de nuestro mundo, inclinándose sobre los niños durmientes y tejiendo una fina y a la vez fuerte telaraña capaz de atrapar todo mal entre sus hilos y hacerlo desvanecerse al alba. Cuando su pueblo se dispersó, les fue muy difícil cuidar a todos los niños, por este motivo las madres y las abuelas tuvieron que tejer redes mágicas para atrapar a las pesadillas.

Pero ¿para qué sirven los atrapasueños en nuestro entorno doméstico? Depende de cuáles sean nuestras creencias, puesto que al tratarse de un objeto que consideramos mágico, su significado varía según el enfoque de la persona que lo posea. Si bien no se puede asegurar que alejen las pesadillas, tener un atrapasueños cerca de nosotros puede ser liberador y facilitar nuestro descanso. Por otro lado, aparte de acercarnos a la cultura indígena de los pueblos nativos norteamericanos, y reconectarnos con la tierra y sus valores ancestrales y milenarios, el atrapasueños se convierte en un agradable y purificador objeto de decoración de nuestro dormitorio.

¿Hasta qué punto nuestras creencias son un potente motor que motiva las actividades conscientes, desde el lado inconsciente? Esta pregunta solamente la podemos responder cada uno de nosotros.

Equilibrar la mente para recuperar el sueño

A veces, cuando nuestra mente está muy inquieta, es necesario encontrar técnicas que sean adecuadas para poder recuperar el sueño y la tranquilidad. Una de ellas es el *Chi Kung*, de la que hablaremos en este apartado. Es especialmente recomendable porque favorece, además del movimiento del cuerpo, practicar una forma de meditación que nos permite desconectar de la confusión y reconectar con un punto de paz y quietud.

El *Chi Kung* o *Qi Gong* es una terapia medicinal de origen chino que se basa en el control de la respiración. Cada vez son más las personas de nuestra sociedad que se sienten atraídas por este particular método que ayuda a eliminar el estrés y las tensiones a las que nos enfrentamos cada día. Si primero se veía como un exotismo, la progresiva implantación de este arte milenario en nuestra sociedad ha hecho que se haya introducido en la práctica diaria de muchas personas.

Ejercitar el *Chi Kung* de manera regular nos ayuda a controlar nuestra respiración, realizando este acto tan natural de manera consciente. Cuando aprendemos a respirar mejor, nuestra oxigenación más óptima contribuye a oxigenarnos mejor, activar la circulación sanguínea y, en consecuencia, relajar y equilibrar cuerpo y mente.

Pero no acaban aquí las bondades del *Qi Gong*, al reducir las pulsaciones del corazón y mejorar el bombeo sanguíneo, mejoran las funciones de los diferentes órganos de nuestro cuerpo, favorece los sistemas nervioso e inmunológico, previene la osteoporosis porque fortalece los huesos y fomenta la elasticidad de músculos y tendones.

Es muy recomendable, si se opta por realizar esta práctica, hacerla con personas que estén capacitadas y cualificadas, con la correspondiente formación y experiencia en este campo. Hay que ser muy rigurosos en este sentido y no dejarse convencer por la primera opción que encontremos. Conviene buscar el maestro adecuado y aceptarlo cuando estás seguro de que es el correcto.

Por otro lado, si adaptamos los movimientos a nuestra capacidad física, sin forzarnos, difícilmente tendrá efectos perjudiciales para nosotros. No obstante, si esto nos preocupa, antes de practicar el *Chi Kung* es aconsejable hablar con una personan cualificada para asesorarnos.

¿Por qué es recomendable el *Chi Kung* para contribuir al tema de fondo de este libro, es decir, que nuestra casa sea un paraíso? Porque, como venimos insistiendo, hay que llegar al descanso habiéndonos relajado. No se trata de dejar nuestro dormitorio impecable, sino de dedicarnos previamente a nuestro cuerpo y a nuestra mente.

El *Chi Kung* reúne en sí una diversidad de técnicas habitualmente relacionadas con la medicina tradicional china, que se centran en la mente, la respiración y el ejercicio físico. Se practica con el objetivo de mantener la salud, pero también se puede prescribir con planteamientos terapéuticos más específicos y adecuados a nuestra situación física. Por otro lado, en la tradición budista y taoísta, donde se hallan sus orígenes, se dice que es un método que permite alcanzar la iluminación o la budeidad.

El *chi*, como hemos comentado, es el «flujo vital de energía». En Japón se denomina *qi*. El *Chi Kung* se puede traducir como «el trabajo de la energía vital», es decir, el arte de hacer circular la energía vital de la manera más adecuada a la finalidad con la que se practica.

El *Chi Kung* puede practicarse también de muchas maneras diferentes: con el cuerpo quieto o en movimiento, con patrones prefijados o no. Es una disciplina muy completa que debe trabajarse bien para conocerse a fondo.

Por otro lado, se puede decir también que, si el *Chi Kung* se practica con finalidad higiénica o terapéutica, favorece nuestro cuerpo y nuestra mente, pero que, si lo realizamos con objetivos espirituales, alcanzamos mucho más, dependiendo de qué corriente sea la que se sigue, puesto que, como explicábamos, es un universo de posibilidades.

Hallamos la esencia del *Chi Kung* en la sincronización armónica de:

Mente
Respiración
Cuerpo

Debemos relajar la mente, la respiración y el cuerpo. Esto permite abrir los canales y meridianos por los que circula nuestra energía, y que esta fluya de manera correcta.

El *Chi Kung* realiza un trabajo de profundidad sobre la energía interna. Tiene más de siete mil años de historia y ha sido practicado por taoístas, confucionistas y budistas. Pero es, ante todo, una disciplina muy profunda y con una base de conocimiento muy sólida, en la que, cuando uno se adentra, va descubriendo cada vez más cosas nuevas, mientras consigue el equilibrio y el bienestar.

Solo hemos querido dar unas pinceladas de este arte milenario que nos ayuda a la relajación y al descanso. A cada uno de nosotros le corresponde profundizar en él como crea más conveniente y satisfactorio.

Pautas para mejorar el descanso

El ser humano agradece aquellas formas de disciplina que le permiten mejorar sus condiciones de vida. Por este motivo, los expertos en el tema suelen recomendar una serie de pasos que permiten optimizar nuestro descanso. Se trata de pequeños rituales a los que, una vez nos hemos acostumbrado, se convierten en un entrenamiento **que nos permite poner el modo de descanso gradualmente y de manera natural, nunca de manera brusca porque no funcionaría.**

- **Establecer horarios regulares para nuestro descanso.** Es clave determinar el número de horas que dedicamos al sueño, el momento de despertarnos y la manera en que lo hacemos. Se recomienda subir un poco la persiana para habituarse a la luz y crear el hábito diario de levantarse siempre a la misma hora.
- **La siesta es uno de los grandes patrimonios nacionales.** Debe ser mesurada, puesto que, si no, afectará a nuestros horarios nocturnos. El cuerpo tiene memoria y se rige por sus propias reglas, no lo olvidemos. Va bien dedicar un tiempo breve a este descanso en mitad de la jornada.
- **El mejor amigo del descanso es el ejercicio.** Y más si nuestra vida es sedentaria. Caminar, correr, ir al gimnasio, en definitiva moverse y hacer que nuestro cuerpo consuma energía nos llevará al descanso de la mejor manera posible. Hemos de emplazar en nuestras costumbres diarias los minutos del día que dedicamos al ejercicio. Nuestro cuerpo y también nuestra mente nos lo agradecerán. No se recomienda hacer ejercicio duro antes de acostarse, puesto que nos activaría cuando debe comenzar el proceso de descanso.
- **Una digestión pesada no favorece de ninguna manera la relajación.** Hay una serie de productos que es recomendable no tomar o moderar para facilitar el sueño. Por ejemplo, evitar la ingestión de alcohol unas cinco horas antes de acostar-

se o no fumar antes de ir a la cama. Productos con cafeína o excitantes hay que tomarlos, si se quiere, muchas horas antes de acostarse: el café y el té, el chocolate y los refrescos estimulantes.

- **Cena suave y dejar dos horas de apacible digestión.** A este sabio consejo hay que sumarle la prohibición de consumir alimentos pesados, picantes o azucarados. Antes de ir a la cama, una cena ligera es lo mejor. Las comilonas hay que dejarlas para el mediodía.
- **No trabajar nunca en la cama.** Debemos reservar este espacio para dormir o para actividades sexuales, pero no para llenar nuestra mente. Lo más adecuado es disponer de un despacho o un espacio apropiado para desplegar nuestros proyectos y resolver nuestros asuntos. Separémoslo claramente de nuestro sitio de descanso. Nunca convirtamos el dormitorio en un despacho.
- **La ropa cómoda favorece el descanso.** Por este motivo se inventó el pijama. Desde los antiguos modelos hasta los más modernos, esta pieza de vestir ha ido renovándose. La regla de oro es que debe ser una segunda piel que pase desapercibida y favorezca nuestro sueño.
- **Tan importante como el pijama es la temperatura de la habitación.** Si tenemos aparato de climatización debemos planificar cuál es la más adecuada para nuestro cuerpo, la que favorezca nuestro descanso de la mejor manera.
- **Ni ruidos ni luz son amigos del buen sueño.** El hecho de vivir en pisos, por mucho que se hayan

mejorado los aislamientos, no favorece demasiado el descanso. Aun así, estos son aspectos que debemos introducir en el dormitorio, ya que son aliados a favor de nuestro descanso.

- **Aparca las preocupaciones en la puerta del dormitorio.** Hemos de ir a dormir con la mente ligera.

5

Cómo convertir el salón
en un espacio de buenas reuniones, tranquilidad y concentración

En el salón de nuestra casa es donde pasamos gran parte de nuestra existencia. Asociamos este espacio a un sitio en el cual descansamos, vemos la televisión, realizamos celebraciones con familiares y amigos. Se trata de un punto de nuestra vivienda muy céntrico, sobre el que giran nuestras actividades principales y que es un emplazamiento tanto de encuentro como de relajación.

Con el paso del tiempo, los salones han ido cambiando mucho en sus planteamientos y han pasado de la trascendencia de otros momentos a la informalidad y eclecticismo actuales. Pueden haber perdido un punto ritualista y frío, pero han ganado en uso, y la informalidad imperante los ha hecho más próximos y cercanos a nosotros.

Los salones de hoy en día son el lugar más concurrido y el epicentro de la familia, un ámbito tanto de reunión como de recepción de las visitas. Esta función, tanto eminentemente social de punto de encuentro como funcional por su utilidad práctica, obliga a que sean espacios cómodos y muy bien iluminados. Por otro lado, los muebles que destinamos a este espacio, aunque dependerán de nuestros gustos personales, son los más vistos. Esto motiva que en la decisión de cuáles pondremos, tendemos a ser muy selectivos y a invertir más recursos económicos, porque sabemos que muchas personas de nuestro entorno inmediato nos valorarán por la primera sensación que perciban.

Un salón con muebles antiguos puede transmitir la imagen de alguien que no hace vida en su casa o a quien no le importa demasiado la estética, también de abandonamiento cuando el polvo y la distancia son visiblemente evidentes. Pero si esos mismos muebles, aunque antiguos, muestran que han sido bien seleccionados y están adecuadamente conservados y abrillantados, se transmite la sensación de que las personas que viven en esa casa son sibaritas y valoran la tradición.

Los salones en los que vivimos actualmente son multifuncionales. Deben ser unos espacios acogedores y regidos por la comodidad, en los que deberemos prestar mucha atención a aspectos como el mobiliario y su distribución, así como al estilo y a los colores que hayamos decidido que combinaremos, puesto que la primera impresión siempre es la más importante. Elementos como la mesa y las sillas son tan significativos como el sofá o las butacas, por este motivo debe buscarse una armonía que invite al descanso.

Por otro lado, en este ámbito doméstico se pueden lucir pequeñas antigüedades, recuerdos familiares de todo tipo y cuadros vinculados a nuestra trayectoria personal y emocional. De hecho, así se hace, aunque también podemos optar por un formato descargado y minimalista, si encaja más con nuestra manera de ser.

En la distribución de los muebles debemos tener en cuenta tanto la funcionalidad como el facilitar el flujo de movimiento de las personas que harán uso de ese espacio.

El salón es el punto de acogida de familiares y amigos. También donde descansamos e interactuamos, el eje central de la casa. Su papel en nuestra vida es trascendental.

Las ventanas del salón son muy importantes ya que son la apertura al entorno exterior. Pero si permiten la entrada de un exceso de luz, pueden provocar que la estancia pierda su poder de concentración, que es uno de sus principales valores. Pensemos en dosificadores como las cortinas o las persianas, que contribuirán al control lumínico.

Los expertos en decoración destacan que este espacio de nuestra casa es el que manda señales de nuestra personalidad de manera más evidente y clara. Si en otros lugares de nuestra vivienda podemos ser más libres, puesto que difícilmente alguien entrará en ellos si no lo deseamos, en este es más complicado evitar el acceso.

Es fácil que en los salones se encuentren muchas veces libros. Suele ser un ámbito en el que encajan muy bien. Ya sea una decisión personal de bibliófilo o por una cuestión puramente decorativa, no olvidemos que una de las primeras cosas que harán nuestros visitantes será ojear los títulos y llevarse impresiones de quiénes somos y cuáles son nuestras preferencias en base a este dato. Demasiadas veces se cae en el tópico de que los libros son objetos y no es importante que decidamos cuáles deben acompañarnos. Sin embargo, una pequeña selección de obras adecuadas en nuestro salón, al margen de que tengamos una biblioteca más completa y extensa en otro apartado de nuestra casa, es una inmejorable tarjeta de visita. Por un lado, pone a nuestro acceso los volúmenes y nos recuerda que una buena lectura va muy bien de manera periódica. Por el otro, la calidez de los libros, por ser contenedores de cultura, es un elemento que da a nuestro salón un valor añadido.

Conviene recordar el proverbio chino que afirma que «un libro sostiene una casa de oro». **Los libros son los guardianes de la cultura y encajan plenamente en el salón. Se diría que es el lugar de la casa que más les gusta.**

El acceso a las nuevas tecnologías ha convertido nuestro salón en un espacio multimedia. Desde la implantación de la televisión, hasta los más modernos aparatos que nos conectan directamente a Internet, se han sucedido vertiginosamente grandes avances tecnológicos. Del tocadiscos o el radiocasete —hoy solo para sibaritas— hasta la tecnología mp3, la conexión directa con la red cada vez está más presente en nuestra vida. De esta manera, sentados en nuestro cómodo sofá, accedemos a la mayor oferta posible de conexiones del entorno humano, la sabiduría y el entretenimiento universal. Este aspecto tecnológico, en perpetua aceleración, ha hecho que el salón de nuestros hogares sea, además de punto de encuentro y de descanso, ese lugar desde el cual nos conectamos con el mundo, a través de las ventanas que nos abren los televisores, aparatos cada vez más potentes y transformados en multiplataformas gracias a la red.

Decorar el espacio

Nuestro salón puede estar decorado de muchas maneras y estilos, dependiendo del tipo de inmueble en el que vivamos y de nuestras preferencias. Normalmente no hemos decidido su forma, a menos que hayamos hecho construir el piso o la casa a medida, pero sí que tenemos la opción de decorarlo a nuestro gusto. Este es un tema en el que siempre será muy importante el consejo de los expertos, por lo que recomendamos, una vez más, contactar con uno.

Estas son algunas de las pautas que pueden sernos útiles en la decoración del salón:

UNA CUESTIÓN DE TAMAÑO

Los muebles y las baldosas contribuyen a crear una percepción del espacio muy evidente, por lo que no debemos dejar este detalle al azar. Es aconsejable visualizar previamente lo que queremos, antes de tomar una decisión de cómo quedará nuestro salón. Si además tenemos la posibilidad de hacer una recreación virtual, hagámosla, puesto que nos será de gran ayuda cuando decidamos plasmarla.

EL EFECTO LUMÍNICO

La luz es un eje vital del salón. Hay que plantearse este aspecto como uno de los más importantes a tener siempre en cuenta. Una acción tan sencilla como evitar muebles altos junto a las ventanas facilitará la entrada de la luz. Concentrar en una vitrina el almacenaje de objetos, dejando así libre el flujo de la claridad, sin duda es una buena opción. Y en cuanto a las lámparas, es mejor no abusar de ellas y apostar por aquellas que emitan luz indirecta y cálida, tanto en las de pie como en las de lectura y de mesa, y que sean de intensidad graduable o provistas de reguladores.

EN LA VIDA HAY QUE SABER DISTRIBUIR

Al enfrentarse con el problema de la distribución de los muebles, hay que empezar por los que son más grandes. Entre ellos destacan, de manera evidente: el sofá, la mesa de centro y el mueble en el que pondremos la televisión.

Los radiadores o elementos de calefacción que se colocan fijos en la pared también hay que tenerlos en cuenta, ya que, aunque puedan parecer invisibles, no lo son.

Una vez que se hayan instalado los principales elementos para amueblar el salón, en el espacio que quede disponible podremos empezar a colocar los detalles más pequeños. Es aconsejable planificar hasta el último de ellos, confeccionaremos una lista en la que iremos valorando las opciones posibles. Si se piensa antes, es muy probable que el resultado sea mejor y perdamos menos tiempo en tomar decisiones.

LOS SUELOS SON MUY IMPORTANTES

Des de los tradicionales suelos de baldosas a los más refinados de madera o de imitación, la base de nuestro salón es un elemento que no se debe menospreciar nunca, tanto porque es un lugar en el que nos moveremos mucho como porque condiciona el ángulo visual de todo el conjunto. Hay muchas opciones, algunas de las cuales pasan por recuperar suelos antiguos que no es necesario substituir en ningún caso, sino revitalizar y hacer brillar. También se debe pensar en aspectos como la limpieza y el mantenimiento, o el encaje con el conjunto de la habitación.

EL VALOR AÑADIDO DE LAS TELAS

En nuestro salón tienen un aspecto destacado los textiles, elementos generalmente ligeros que pueden ser a la vez deliciosos y mostrar el detallismo preciosista de los habitantes de la casa. Las telas que decoran el salón van desde los cojines del sofá hasta la propia tapicería de este mueble, pasando por las cortinas y las alfombras.

Tanto la calidad del producto como el color, o los elementos de decoración con los que compartan espacio, son muy importantes, por lo que no deben menospreciarse ni dejarse al azar. Por un lado, las telas naturales suelen conectar muy bien con todos los ambientes. Por otro, las tapicerías de lino y algodón son cálidas en invierno y frescas en verano. Según también indican los expertos, en los tapizados es recomendable escoger tejidos sin mucha trama. Y en lo que se refiere a cortinas y alfombras, es un universo tan amplio que permite infinitas posibilidades, a gusto de cada cual. Y también de su bolsillo.

TODO EN LA VIDA ES SEGÚN EL COLOR CON QUE SE MIRA

Sin duda, el color es una clave determinante de la decoración que optemos por poner en nuestro salón. Una base neutra y serena, como suelen aportar el color blanco o los tonos claros, en máxima sintonía con los muebles que hayamos escogido, puede alternarse a la vez con elementos de diseño más alegres y dinámicos.

Aunque sobre gustos, como suele decirse, no hay nada escrito, es importante contrastar la opinión con los otros habitantes de la casa para encontrar ese punto de confluencia que guste a la mayoría. **Sobre gustos no hay nada escrito, pero es aconsejable intentar conseguir el máximo consenso a la hora de decorar el salón.**

Sociabilidad y diálogo

Indudablemente, el salón es el ámbito social más importante de nuestro hogar. Puede ser un reflejo de la personalidad de sus dueños —de hecho, la mayoría de las veces lo es—, así como de sus intereses y de sus preferencias.

Sociabilidad, por un lado, y espacio de diálogo, por el otro. Son dos de los puntales que caracterizan los salones.

Aunque el paso del tiempo ha modificado en muchos aspectos nuestra actitud y manera de relacionarnos, algunas de las reglas principales no han cambiado todavía. Seguimos pudiendo tomar un té o un café en el sofá de nuestro salón, bien cómodamente, alejados del mundanal ruido y del trasiego diario. Pero mientras nuestros antepasados contemplaban un cuadro y escuchaban la radio, nosotros disponemos ahora de numerosos aparatos tecnológicos que, al margen de su utilidad, cargan eléctricamente la estancia, detalle que desde una perspectiva ambiental y ecológica no es muy bueno para nuestra salud. Debemos aprender a dosificarlos y a crear barreras.

La tecnología en nuestro salón debe integrarse con nuestras actividades y no ser un obstáculo. Lo mejor es buscar un equilibrio entre tecnología y naturaleza, entre aquello que nos gusta y lo que no es nada beneficioso para nuestra salud. Dicho así parece muy fácil aunque no lo sea. Pero, una vez lo hayamos logrado, consideraremos que ha valido la pena, y el esfuerzo y el tiempo invertido retornarán en positivo hacia nosotros.

Dentro de los aspectos que contribuyen a dar una imagen de sociabilidad y diálogo a nuestro salón destacan los siguientes:

LA ILUMINACIÓN

Materializada muy habitualmente en una lámpara central de techo, preferiblemente instalaremos bombillas de bajo consumo; es aconsejable revisar cuál es la última opción en este ámbito tecnológico, puesto que cambia a velocidades vertiginosas. Por otro lado, diversos focos LED pueden contribuir, también, desde el techo, a una buena iluminación general del espacio de encuentro de la casa. Desde una percepción más reducida, las lámparas de las mesas permiten construir un ambiente íntimo y relajado, que muchas veces es el que buscamos entre nuestras preferencias para el salón.

LAS MESAS

Estos muebles se convierten en espacio de referencia de las personas que utilizan el salón de la casa. Es un lugar donde comer, tomar una bebida, escribir, charlar. La mesa principal se puede complementar con pequeñas mesitas en las que colocaremos una lámpara también de formato reducido.

Por otro lado, hay que tener en cuenta que la distribución de diversas mesas genera un plano visual que pueda contribuir a modificar la percepción del espacio, alejándonos del resultado que buscamos. Para evitarlo, debemos hacer diversas pruebas antes de establecer el espacio definitivo en el que las colocaremos, para que su efecto no modifique substancialmente el espacio.

Dentro de las nuevas tendencias hay que destacar la

utilización de objetos reciclados, que cada vez está entrando con mayor fuerza en los hábitos de nuestra sociedad.

LOS DISPOSITIVOS ELECTRÓNICOS

Estos aparatos, que abundan en nuestros hogares, han acabado convirtiéndose en un elemento que no podemos dejar de lado. Hay que estar atentos a las novedades del mercado, y ser conscientes que la implantación de la red y todo lo que conlleva. Cada vez a ritmo más acelerado, nos obliga a ir al compás de los tiempos, si queremos disponer de ventajas en este sentido.

La tecnología que ocupa nuestra sala de estar puede afectar a un espacio que debería ser relajado y de carácter sociable. Una opción recomendable puede ser encontrar la manera de tenerla cerca, pero a la vez poderla ocultar cuando no se usa, como, por ejemplo, organizada de manera práctica en un armario. Aun así, hay aparatos que es inevitable que estén a la vista, como es el caso de los televisores, que con sus grandes pantallas no son fáciles de esconder.

En esta evolución tecnológica que nos supera, hemos de ser capaces de encontrar nuestro punto medio de quietud: aquel en el que nos sintamos bien y que dé respuesta a nuestras necesidades sin provocarnos excesos, problemas y ansiedades innecesarios.

Como, por ejemplo, todo tipo de adornos para la pared, así como las flores y las plantas, grandes amigas de nuestro salón, nos permiten moldearlo de manera acorde con nuestras preferencias. En este sentido, por su componente de sociabilidad y a la vez de ágora, el salón nos invita a dotar las paredes de carácter propio. No se trata de colgar espejos, cuadros y fotografías sin más, sino de ser imaginativos y buscar objetos con los que nos sintamos bien, que expliquen momentos de nuestra vida con los que estemos cómodos. Que nos transmitan buenas sintonías, a nosotros y también a nuestros invitados.

Por otro lado, las plantas añaden un toque de color y la fuerza de la naturaleza a cualquier salón. A su vez, nos mantienen en contacto directo con las estaciones y el paso del tiempo, contribuyen a mejorar la calidad del aire que respiramos y comparten con nosotros la conciencia de pertenecer a un mismo planeta.

En el salón nos reunimos, compartimos alimentos e historias, nos relajamos tomando un té o un café, podemos escuchar música, mirar la televisión o leer un libro. Es nuestro punto de encuentro con nosotros mismos y con los demás.

Activar la buena energía del salón

Activar la buena energía en nuestro salón es una actividad que, en primer lugar, pide nuestra dedicación y esfuerzo. Para sacarle más partido a este espacio, es necesario que sepamos convertirlo en armonioso y satisfactorio, que podamos disfrutar de él.

Con unas pocas acciones te resultará fácil convertir tu salón en un entorno confortable y alegre, a la vez que agradable.

Debes dedicar un poco de tu tiempo a cuidar y preparar tu hogar. Descubrirás que lo que has hecho vuelve a ti multiplicado por cien.

Es aconsejable que dediques un espacio de tu tiempo, por mínimo que sea, a limpiar tu salón y plantearte cuáles son las prioridades que crees que debe tener. Se trata de un lugar vivo, en conexión contigo, con tus familiares y con tus amigos, y no debes dejar que se vaya desgastando, alejado de tus gustos y preferencias. Dicen que la distancia es el olvido y esto pasa con las personas, pero también con los espacios y con los objetos.

Una reorganización de nuestro salón nos permitirá reducir aspectos estresantes de nuestra vida de manera importante. Por ejemplo, poner un jarrón con flores en una mesita o colgar un cuadro con un paisaje relajante son dos de las muchas posibles opciones que están a nuestro alcance.

Mejorar nuestro entorno es hacer que la energía que desprenda sea más positiva. Por este motivo, merece la pena también destinar un poco de nuestro tiempo a buscar información en las revistas, libros o en Internet, de cuáles son los elementos que contribuyen de mejor manera a que nuestro salón sea más acogedor.

También es aconsejable, para activar las mejores energías de este espacio que compartimos y en el cual socializamos, buscar algún criterio genérico e ir desarrollándolo. Podemos aplicar, por ejemplo, la filosofía *zen* en las mejoras que vayamos aplicando en este entorno.

Aquí tenéis algunas pistas:

- Utilizar velas que simulan luz natural dará un toque especial.
- Poner al día las cortinas para crear más luz. Es relativamente sencillo hacerlo.
- El poder emocional de las flores frescas. ¡Aprovéchalo!
- La fuerza de los aceites esenciales, barras de incienso y otros elementos aromáticos. ¡Económico y eficaz!
- Pequeños cambios en la distribución de los muebles, mirando de descargar el salón, son bocanadas de oxígeno.
- Seguir un hilo conductor claro a través de los colores en las paredes y los detalles, que nos lleve a la paz interior.
- Cuidar la ventilación para oxigenarnos. Huir de los espacios cerrados.
- Muebles ergonómicos, prácticos y que a la vez favorezcan el descanso saludable de nuestro cuerpo.
- Una filosofía de claridad y tranquilidad en el conjunto de todo lo que hacemos en el salón.

– Una selección de cuadros y fotos que induzca a la relajación. Apartarse de aquello que nos provoque caos o desorden mental.

Nuestro salón es una parte de nosotros mismos y debe reflejar nuestro interior. Debemos sentirnos en conexión con el entorno que representa.

EL *REIKI* PARA LIMPIAR NUESTRO SALÓN

El estado de ánimo influye directamente en lo que nos rodea. Si la actitud positiva mejora y potencia los espacios en los que vivimos, la negativa ejerce el efecto contrario.

Los pensamientos negativos y las emociones insatisfactorias, según los expertos en terapias alternativas como el *reiki*, pueden alojarse también en ámbitos de nuestra casa. Y el salón es un buen candidato para recibirlas, porque es el espacio que alberga mayor movimiento de visitantes.

Convivir con negatividad no favorece precisamente nuestro día a día, puede afectarnos en acciones cotidianas como dormir, provocarnos dolores de cabeza e inquietudes que nos hacen ir perdiendo el control. La fuerza negativa puede emanar de nosotros o de nuestros espacios, hasta crear un círculo vicioso del que es difícil salir. Por este motivo es importante tomar medidas, antes de que la cosa se complique.

En este sentido, el *reiki* permite manejar y transmitir la energía positiva. Una persona especializada en esta terapia alternativa puede valorar la negatividad que existe en tu casa y limpiarla, para convertirla en un espacio energético positivo, que juegue a tu favor y en el que te encontrarás mucho mejor.

En síntesis, el proceso de sanación, una vez realizado el diagnóstico de aquellos aspectos que no son buenos para nosotros, consiste en dibujar con las manos símbolos de *reiki* sobre vigas y columnas, e irlos bajando como si se estuviera barriendo, mientras se repite un mantra. Luego, haciendo este mismo proceso inverso, el espacio se cargará de energía positiva.

A parte del proceso de *reiki*, son muchas las acciones que podemos hacer para contribuir a la mejora de nuestro entorno doméstico, y que contribuyen a descargar de energía negativa el entorno. Ordenar y limpiar, pintar, iluminar y ventilar o aromatizar, son algunas de las sencillas actividades que contribuirán a que nuestro salón desprenda emociones positivas.

La actitud personal positiva se transmite a nuestro entorno, como lo hace la actitud negativa. Por tanto, de nosotros depende si preferimos adoptar una postura vital y creativa, o no. Aunque a menudo las circunstancias cotidianas no lo ponen fácil, merece la pena hacer el esfuerzo de modificar nuestros pensamientos y, con ellos, nuestra actitud. Si lo hacemos, podemos estar seguros de que nuestro hogar se beneficiará enormemente.

Para ayudarnos a conseguirlo, podemos repetirnos la famosa frase de la escritora Amy Tan: «Si no puedes cambiar tu destino, cambia tu actitud.»

El *chi* del salón. Cómo conseguir que tenga buena energía

Todo en el universo vibra y las vibraciones interactúan unas con otras. Las buenas vibraciones nos aportan equilibrio y armonía, las malas, desorden y caos. Esta ley universal, que hemos reducido a un planteamiento simplista, puede aplicarse tanto a las personas y sus relaciones como a la manera con las que confluimos con los objetos y espacios.

Nuestro salón, así como el conjunto de nuestra casa, debe desprender energía positiva (chi), de lo contrario, la negatividad interactuará con nosotros. El *chi*, en la cultura tradicional china, es el principio activo que forma parte de todo ser vivo. Como ya hemos explicado, podría traducirse como «flujo vital de energía». Pero, ¿cómo lo conseguimos?

- **Limpiando puertas y ventanas de la habitación,** puesto que son espacios que conectan con el exterior.
- **Limpiando el suelo con sal y agua.** Tanto pasando un trapo con este tradicional limpiador de mala energía como colocando recipientes de sal en diversos sitios del inmueble y cambiándolos periódicamente, durante un par de meses.
- **La técnica de la aromaterapia** es un buen aliado para favorecer el *chi* positivo. Desde utilizar aromas naturales hasta barras de incienso, velas aromáticas y otras formas de generar fragancias purificadoras, como los aceites esenciales, por ejemplo.

- **Limpiar los espejos con vinagre.** Puesto que estos hacen fluir la energía, es bueno colocarlos en el comedor. Por otro lado, el vinagre también atrae energía positiva. Limpiando los espejos con vinagre multiplicamos el efecto energético purificador base que tienen.
- **Poner cactus cerca de los aparatos electrónicos.** Es conocido que estas plantas del desierto absorben la energía electromagnética de los electrodomésticos, convirtiéndose en inmejorables aliadas del *chi* positivo.

Pero los cactus no son nuestra única opción, si buscamos plantas que ayuden a limpiar nuestro entorno doméstico, tenemos diversas posibilidades. Citamos algunas:

- **El romero.** Estimula la actividad cerebral y el nivel de alerta, y su característico olor nos da buenas e inmejorables sintonías.
- **La salvia.** Además de sus múltiples propiedades, buenas para la salud y purificadoras, esta planta es un excelente adversario contra las energías negativas.
- **El bambú.** Además de inspirar historias *zen*, es una fuente medicinal con antiguos orígenes. También es el símbolo de la suerte en el *Feng Shui* y ayuda a la flexibilidad mental y el crecimiento espiritual.
- **La albahaca.** No solamente es un bien preciado en la cocina, por sus múltiples cualidades en el

ámbito culinario, sino que también nos regala su excelente y purificador aroma, y todos sus correspondientes beneficios antiinflamatorios y contra la depresión.

- **Jazmín.** Compasión y amor son características que se asocian a esta planta y a sus flores, a la que se atribuyen grandes factores positivos para nuestra salud. Su olor característico queda impreso en la memoria y se guarda para siempre.

UNA ESTRATEGIA DE LIMPIEZA

Si queremos optimizar la energía positiva del lugar donde vivimos, un inmejorable punto de partida es, sin duda, deshacerse de objetos viejos e inservibles y limpiar el espacio en el que desarrollamos nuestras actividades.

Hacerlo no es nada fácil, hay que reconocerlo. Ni tampoco en el salón, donde se pueden haber creado pequeños espacios de acumulación: vajillas, mantelerías, CD antiguos, papeles de hace tiempo, etc.

Para poder simplificar nuestra vida, es indispensable liberarse de aquello que ya no utilizamos ni tampoco vamos a utilizar. Cuando el caos gobierna en nuestras vidas, este se hace evidente en los espacios más cercanos a nosotros. Y también en nuestro salón.

La desorganización genera frustración e insatisfacción. El orden, si no es obsesivo, es pureza y claridad. Decir adiós a todo aquello que ya no utilizamos nos obliga a enfrentarnos a un proceso de purificación, que muchas veces pide de nosotros un gran esfuerzo. Por el contrario, el resultado que obtengamos será muy satisfactorio. ¡Hay que atreverse a empezar sin mirar atrás!

EL DECÁLOGO DEL LIMPIADOr

Para enfrentarnos a una estrategia de limpieza, se recomienda seguir los siguientes puntos:

1. Hacer una lista de los lugares en los que se amontona la suciedad.
2. Pensar que el proceso tardará en llegar a su resolución, no asustarse de entrada.
3. No tener miedo de pedir ayuda. Quizá no podremos hacerlo solos y hará falta alguien que nos apoye.
4. Clasificar en diferentes ámbitos: los objetos que vamos a tirar, los que vamos a reciclar y los que vamos a regalar o donar con finalidades benéficas.
5. Contrastar con la persona o personas con las que convivimos nuestras intenciones de poner orden.
6. Tan importante como organizar es evitar que el caos vuelva a adueñarse de la situación.
7. Optimizar necesidades. Por ejemplo, la documentación digital ocupa menos espacio que los papeles. Sin embargo, aunque la tengamos muy bien ordenada, no podemos caer en el error de generar el desorden dentro de nuestro ordenador o en la nube. Continuará siendo desorden.
8. Cuando nos hagan falta, pensar en objetos de al-

macenaje que sean prácticos. No se trata de carpetas o muebles para esconder cosas, si no que nos permitan encontrarlas y tenerlas localizadas.

9. El orden empieza en nuestra mente.
10. El objetivo que nos planteamos es vivir con menos cadenas, no lo olvidemos.

¡HAY QUE SOLTAR LASTRE!

El libro *Dan-sha-ri: ordena tu vida,* de Hideko Yamashita, nos explica como su autora, cuando estudiaba en la universidad, descubrió los tres pasos del método que denomina *Dan-sha-ri* a través del yoga. Más adelante, durante la visita a un templo, tuvo una revelación con la cual descubrió el minimalismo y cómo aplicar los preceptos del yoga en nuestra casa y, también, en nuestra vida. Estas experiencias dieron origen al libro del que ya se han vendido cuatro millones de ejemplares.

Deberíamos preguntarnos por qué está al orden del día la necesidad de liberarse de objetos que forman parte de nuestra vida y con los cuales apenas tenemos ninguna relación.

Somos producto de una sociedad que genera un gran excedente, que fomenta un consumo exacerbado en nosotros y que, por ese preciso motivo, acaba produciéndonos una gran frustración. Por eso, es vital que aprendamos a enfrentarnos a esta problemática generada por la acumulación excesiva. En un mundo donde gran parte de la población apenas dispone de alimentos ni de agua, hemos de ser conscientes de lo privilegiados que somos, valorar lo que tenemos y saber qué es lo que realmente necesitamos.

Menos es más y nuestro hogar no debe ser un gran almacén en el que acumulemos cosas, sino un espacio en el que nos sintamos a gusto y donde cada objeto tenga su razón de ser.

6

Belleza para el alma.
Cómo la luz, las plantas y los colores inciden en nuestro estado de ánimo

Ya hemos mencionado la gran importancia que tiene todo lo que forma parte de nuestra vivienda. Los muebles, la ubicación y la decoración de las diferentes estancias, los tejidos y todos los objetos que constituyen nuestro mundo hogareño inciden directamente en nuestro bienestar. Pero de entre todos estos elementos, hay tres que merecen un capítulo aparte, debido al enorme efecto que producen en nuestro estado anímico: la luz, las plantas y los colores.

Son muchas las investigaciones realizadas a lo largo del tiempo que coinciden en que la intensidad y el color de la luz inciden en nuestro estado anímico y en nuestras emociones.

Está comprobado que la luz natural tiene un gran efecto en nuestros ritmos circadianos, es decir, en nuestro reloj biológico. Del mismo modo, su ausencia provoca efectos negativos en el estado anímico y en la salud, llegando incluso a producir enfermedades como la depresión invernal o el trastorno afectivo estacional. Esto es debido a que los rayos solares favorecen la liberación en nuestro organismo de serotonina, la llamada hormona de la felicidad. La actividad de esta sustancia influye en nuestro estado de ánimo y, consecuentemente, en nuestros cambios de humor.

Por otro lado, los diferentes colores empleados en la iluminación artificial pueden influenciar nuestro estado de ánimo y nuestro comportamiento. Según los investigadores, la luz azul es la que peores efectos tiene sobre nuestro estado anímico, seguida por la blanca. La de color rojo, en cambio, disminuye los síntomas depresivos.

En lo que respecta a plantas y flores, es bien sabido que nos aportan una mejor calidad del aire gracias a la fotosíntesis, proceso por el cual absorben dióxido y liberan oxígeno. Pero, además, los estudios han demostrado que tienen numerosos beneficios para nuestra salud mental. Por ese motivo flores, plantas y hierbas tienen una relevancia cada vez mayor en la decoración de interiores, tanto en viviendas particulares como en empresas y edificios públicos y privados.

En cuanto a los colores, son otra gran influencia para nuestras emociones y estado mental. Aunque no nos demos cuenta, todos percibimos una reacción física ante un color determinado. No solo por su simbología, que proviene de la tradición y de la cultura, sino por las reacciones psicológicas que comporta. Gracias a los efectos que ciertas tonalidades despiertan en nuestro cerebro, se pueden modificar ciertas emociones como la tristeza, el nerviosismo, la seguridad o la concentración.

Hagamos pues de la iluminación, la vegetación y el color nuestros aliados para crear un hogar placentero y feliz.

La energía del color y el efecto que produce en nuestras emociones

La percepción a través de nuestros ojos de una radiación electromagnética con una determinada longitud de onda y la manera en que nuestro cerebro la interpreta es lo que conocemos como color. Por tanto, se trata de energía y esta nos afecta de diferente forma según la longitud de onda de cada color. Por eso es tan importante elegirlos conscientemente, ya que, dependiendo de su frecuencia vibratoria, variarán las sensaciones que nos produzcan.

Esta influencia del color en el estado anímico ya fue observada desde tiempos remotos en antiguas civilizaciones como la egipcia, la china y la persa, donde se desarrollaron terapias curativas con los colores. Más adelante, esos métodos medicinales alternativos fueron olvidados, e incluso rechazados, hasta que en el siglo XVIII algunos científicos y filósofos se interesaron de nuevo por ellos. Desde el siglo pasado esta práctica sanadora se ha ido usando en medicina alternativa con el nombre de «cromoterapia» o «terapia del color».

La cromoterapia considera cada color como un instrumento terapéutico con capacidad de ejercer una in-

fluencia emocional, psíquica y física en nuestro organismo. Este método de armonización y de ayuda en el proceso de sanación se basa en la premisa de que los colores pueden crear emociones positivas en nuestro cuerpo. Como ya hemos comentado, cada uno de ellos tiene una vibración con longitud, velocidad y ritmo de ondas distintos. Por eso cada color tiene un significado concreto que influye en nuestra energía vital facilitando la curación.

LOS OCHO COLORES DE LA CROMOTERAPIA

Rojo. Es estimulante, por lo que aumenta la energía, lo que facilita la circulación de la sangre. Se utiliza para combatir la apatía física, los resfriados y el reuma.

Naranja. Proporciona vitalidad y optimismo. Indicado para mejorar la salud emocional, la comunicación y la creatividad, además de regular el hipotiroidismo.

Amarillo. Es energético y purificante. Aporta alegría, vitalidad y claridad mental, por lo que es eficaz como antidepresivo. También se usa para curar problemas digestivos.

Azul. Es refrescante y relajante, por lo que aporta paz y tranquilidad. Se utiliza para tratar el insomnio, el estrés, la hipertensión, las palpitaciones y como antiséptico.

Turquesa. Es calmante y se usa para reforzar el sistema inmunológico. Resulta útil para combatir infecciones y enfermedades infecciosas.

Verde. También es calmante, con efectos sedantes, por lo que resulta eficaz para recuperarse de la fatiga tanto física como mental. Además, equilibra los sistemas nervioso y circulatorio.

Violeta. Es espiritual, por lo que mejora la actividad mental y el crecimiento. Es beneficioso para el sistema nervioso y sirve para aliviar trastornos psíquicos, angustias y miedos.

Magenta. También es un color espiritual, por lo que sirve para eliminar pensamientos nocivos. Incrementa la tensión arterial y alivia los estados de depresión y tristeza. Además, tiene propiedades hipnóticas.

Otro campo de estudio que analiza nuestra percepción y comportamiento ante los colores es la psicología del color. Se trata de una rama de la psicología que investiga los efectos que producen los colores en la conducta humana y en sus emociones. Se utiliza mucho en márketing, publicidad y diseño, ya que transmiten un mensaje concreto al consumidor o usuario, dependiendo de la sensación que quieran despertar en él. Por ejemplo, las marcas que comercializan productos de lujo utilizan el dorado, el plateado, el negro y el blanco, ya que dan sensación de sofisticación.

Pero no hay que olvidar que los colores tienen un simbolismo que varía de una cultura a otra. Como ya hemos dicho, desde la antigüedad hasta nuestros días los colores se han utilizado en distintas terapias, pero, además, se les ha atribuido diferentes significados que han pervivido gracias a la tradición.

Gracias a la psicología del color, la cromoterapia y a la simbología disponemos de la información necesaria para saber qué tipo de energía desprende cada color y las emociones que nos produce.

Seguidamente exponemos los colores más importantes y los efectos que provocan, así como indicaciones de cómo podemos utilizarlos para crear determinadas sensaciones.

ROJO

Es el color de la sangre y del fuego, por lo que se relaciona con el peligro, la pasión, el amor y la energía. Promueve reacciones muy intensas, tanto a nivel emocional como físico. Debido a su gran visibilidad, se utiliza para señales y avisos.

Si lo incorporamos en la decoración de nuestro hogar de forma moderada, combinado con colores neutros, crearemos ambientes acogedores y cálidos.

AMARILLO

Se asocia con la luz del sol. Aporta alegría, energía y estimula la actividad mental. Es un excelente captador de atención y por eso se usa para resaltar avisos, por ejemplo, en una publicación.

Si lo usamos en el salón podemos escoger un tono fuerte, ya que provoca alegría. Pero si se trata de un dormitorio debemos utilizar una tonalidad suave, ya que el amarillo intenso puede resultar irritante y perturbador.

AZUL

Evoca el cielo y el agua. Es un color relajante y fresco que propicia la calma, la armonía y la profundidad. En márketing se utiliza en numerosos logotipos, por ser elegante y transmitir una sensación de paz, confianza y pureza. Por este mismo motivo muchas habitaciones están decoradas en tonos azules, ya que produce un efecto relajante.

Si lo escogemos para un dormitorio, ha de ser en un tono claro, ya que aportará tranquilidad. En cambio, si queremos crear un espacio sobrio, debemos escoger un tono más oscuro. El azul también es idóneo para estancias donde se trabaja, porque, además de relajar, favorece la concentración.

VERDE

Es el color de la naturaleza y se asocia con la esperanza, el crecimiento, la juventud y la exuberancia. Las estancias pintadas en tonos verdes facilitan el bienestar y la relajación, ya que es el color más relajante para el ojo humano. Por su identificación con la naturaleza, se utiliza en productos de jardinería o relacionados con la ecología.

Si queremos pintar una habitación de este color, ha

de ser en un tono suave, puesto que propiciará la relajación y sensaciones agradables que nos ayudarán a dormir mejor. En cambio, con una tonalidad demasiado intensa el efecto desaparece.

NARANJA

Color cítrico que suma la energía del rojo a la alegría del amarillo. Por eso proporciona felicidad, creatividad, ánimo y entusiasmo. Aunque es menos agresivo que el rojo, es muy visible y sirve para destacar. El naranja produce un efecto estimulante en la actividad mental.

Si nos animamos a decorar con este color, debemos hacerlo en estancias amplias, ya que produce un efecto óptico que reduce el espacio. Es ideal para el salón, puesto que potencia las relaciones humanas. También en comedores y cocinas, ya que estimula el apetito y la digestión.

PÚRPURA

Se asocia a la realeza porque evoca riqueza, poder y nobleza, pero es un color místico que representa la magia y el misterio. Tiene la estabilidad del azul y la vitalidad del rojo. En márketing es muy valorado porque se relaciona con la elegancia y la distinción.

Si lo elegimos para el salón en un tono claro, como el lavanda, nos ayudará a relajarnos, mientras que un matiz más intenso aportará sofisticación. Pero, cuidado, porque el violeta oscuro puede provocar melancolía.

BLANCO

Aunque para la cultura oriental es el color de la muerte, en el mundo occidental representa la pureza, la inocencia y la paz. También simboliza la salud y la limpieza, por lo que se utiliza en la publicidad de productos médicos o relacionados con la salud. Es el preferido de personas sencillas, tranquilas y solitarias.

Si escogemos este color para el baño o la cocina, daremos una mayor sensación de limpieza y amplitud a la estancia. Hay que tener en cuenta que si abusamos de él podemos provocar sensación de cansancio y desorientación. Mejor combinarlo con otros colores.

NEGRO

Es el color de la oscuridad. Tiene connotaciones negativas, pues se asocian a la muerte y a la maldad. Representa el misterio, lo desconocido, pero también seriedad, poder, elegancia y formalidad. Propicia sentimientos negativos como soledad, frialdad e introversión.

Si nos atrevemos a incorporar este color a nuestro hogar, hemos de ser conscientes de que reduce los espacios debido a que no refleja la luz. Por eso, debemos utilizarlo únicamente en habitaciones muy luminosas y combinarlo con el color blanco, de este modo conseguiremos un ambiente elegante y armonioso.

Cómo influye la luz en nuestro estado anímico

Todos somos conscientes de que estamos mucho más vitales y alegres si el día es soleado que si está nublado. El buen tiempo parece invitarnos a salir y a desempeñar con buen humor cualquier actividad que hagamos. Se trata de un hecho que, además, ha sido comprobado científicamente, demostrando que la luz influye positivamente en nuestro ánimo.

Según los especialistas, los rayos solares contribuyen a que nuestro cerebro libere serotonina, una hormona que regula el estado anímico. Gracias a esta sustancia, sentimientos como la agresividad, la tristeza o la apatía se inhiben, y nos sentimos mucho más contentos y animados. Pero, además de actuar sobre áreas del cerebro relacionadas con las emociones, la luz nos ayuda a regular nuestros ritmos biológicos.

Los beneficios de la luz en nuestra salud son tantos que incluso los profesionales de la medicina la utilizan en un tratamiento llamado «terapia de luz» o «fototerapia». Se trata de una técnica consistente en el uso de lámparas y cajas de luz que se usan para combatir enfermedades de la piel y trastornos del estado de ánimo. El paciente recibe radiaciones electromagnéticas que estimulan sus funciones cerebrales y le aportan todos los beneficios de la luz.

La iluminación artificial, en cambio, tiene consecuencias negativas para nuestra salud, según se ha podido comprobar mediante experimentos científicos. Los investigadores han estudiado el efecto que producen en nuestro organismo los ciclos de día y noche, y han observado que la luz artificial los interrumpe afectando a nuestro reloj biológico. Esto puede provocar debilidad muscular, inflamación del sistema inmunitario y la aparición de osteoporosis.

Por suerte, se ha podido demostrar que estos efectos nocivos se revierten al restablecerse el ciclo natural de luz y oscuridad, es decir, cuando se deja de utilizar la iluminación artificial.

La conclusión de los científicos es que existe una influencia de los patrones de día y noche en nuestra salud, por lo que deberíamos limitar el tiempo en que nos exponemos a la luz artificial.

Estos descubrimientos son de vital importancia, teniendo en cuenta el ritmo poco natural que nos imponen las obligaciones y los malos hábitos, que suelen limitarnos las horas de sueño y la exposición al sol. Cada vez es más frecuente que nuestro tiempo de ocio se desarrolle por la noche, momento en que nos entretenemos ante la pantalla del televisor o del ordenador. Este contacto con la iluminación artificial es bastante dañino, porque, además de lo que hemos comentado, los neurocientíficos alertan que puede producir alteraciones emocionales y anímicas, dependiendo de la intensidad y temperatura del color de la luz.

Según se desprende de las investigaciones, nuestras emociones podrían ser más o menos intensas dependiendo de la fuerza de la iluminación. Así, una luz tenue apaciguaría sentimientos tanto negativos como positivos, mientras que una brillante los incrementaría.

Todos estos estudios e investigaciones nos demuestran que hay que dar preferencia a la luz natural siempre que sea posible, puesto que no solo nos ayuda a ahorrar energía y nos vincula con la naturaleza, sino que, además, favorece nuestra salud emocional.

Para potenciar al máximo la claridad del día de nuestro hogar podemos seguir los siguientes consejos:

- Usar cortinas de telas traslúcidas, como la gasa o el organdí, en colores claros. Evitar tejidos opacos y los estampados.
- Destinar las estancias de la casa con más luz solar a las tareas que precisen de una buena iluminación.
- Utilizar colores claros y brillantes para paredes y suelos, ya que reflejarán la luz.
- Evitar muebles altos y tabiques que interrumpan el flujo de los rayos del sol.
- Instalar claraboyas en los espacios interiores más oscuros.
- Utilizar puertas de cristal, siempre que sea posible, para facilitar el paso de la luz solar.
- Decorar con muebles de maderas blancas y brillantes, y evitar aquellos que sean oscuros.
- Usar espejos para multiplicar la luz, pero teniendo en cuenta que no deben reflejar nada desagradable, ni estar en el dormitorio ni tampoco ante una puerta.

Seguir estas sencillas pautas nos ayudará a integrar la luz natural en nuestra vivienda de una manera armoniosa y, como hemos visto, muy beneficiosa para nuestro estado anímico.

Plantas que atraen energía positiva

Los beneficios que aporta la presencia de vegetación en los espacios urbanos han sido probados por numerosos estudios. Por eso, en muchas oficinas y edificios públicos podemos ver plantas y zonas ajardinadas, ya que está demostrado que incrementan la capacidad de concentración y disminuyen las tasas de enfermedad. Ese es el motivo por el que también están presentes en hospitales y centros de salud, donde ayudan en la recuperación de los pacientes y les mejora el ánimo.

Como es bien sabido, mediante la fotosíntesis, las plantas transforman el dióxido de carbono en oxígeno y, de esta manera, purifican el ambiente. Durante este proceso, se ha comprobado que eliminan toxinas del aire, los llamados compuestos orgánicos volátiles, que, aunque no los veamos, están por todas partes: alfombras, bolsas de basura, pinturas, vinilos, fibras sintéticas, humo de cigarrillos e incluso tintas.

Es indiscutible que las plantas aportan un toque natural, muy relajante y fresco a los espacios, lo que resulta muy beneficioso para la salud y el bienestar. Pero es que, además, se cree que favorecen el flujo de energía positiva y que contrarresta la negativa.

Según los expertos, hay plantas que tienen mayor capacidad que otras para estimular estas energías positivas, contribuyendo así a nuestro bienestar tanto físico como anímico. Entre las más favorecedoras destacan las siguientes, algunas de las cuales ya hemos mencionado, pero que por su eficacia conviene tener presentes:

Albahaca. Planta sagrada en la India, ha sido utilizada desde la antigüedad para hacer limpiezas tanto en personas como en hogares. Protege de las malas energías, atrae las positivas y proporciona armonía y sosiego.

Aloe Vera. Se considera que es de las plantas más poderosas para combatir las malas vibraciones. Tiene fama de atraer la prosperidad y las buenas vibraciones de los lugares donde se coloca. Se dice que si crece vigorosa es que está atrayendo la buena fortuna, pero si se marchita quiere decir que ha absorbido las malas vibraciones para protegernos.

Bambú. En los países asiáticos es símbolo de buena suerte y prosperidad desde hace siglos. Aporta bienestar y tranquilidad, pero también vitalidad.

Cactus. Se cree que pueden neutralizar las radiaciones de los aparatos electrónicos, pero su mayor virtud es atraer la buena energía. También se dice que puede alejar sentimientos negativos como la envidia e, incluso, ahuyentar a personas con malas intenciones.

Crisantemos. Además de belleza, tienen la capacidad de proporcionar bienestar en el hogar, promover la felicidad y el buen humor. Por este motivo, es muy recomendable colocarlos en lugares donde haya o pueda haber tensión.

Jazmín. Conocida también como la planta de la pareja, puesto que es beneficiosa para las relaciones sentimentales. Por este motivo, se aconseja colocarla en el dormitorio, ya que atrae energía positiva para fortalecer la pasión y la sensualidad. Además, ahuyenta las malas vibraciones y las polémicas, contribuyendo a crear buen ambiente.

Romero. Sus propiedades medicinales han sido utilizadas desde tiempos remotos en numerosas culturas. Purifica el aire, aporta paz interior, mejora los estados de ánimo y la falta de vitalidad.

El *Feng Shui* también valora los múltiples beneficios de las plantas, a las que considera muy indicadas para equilibrar el *chi* del hogar y, de este modo, mejorar nuestro estado emocional y físico.

Este método milenario las clasifica de acuerdo con sus propiedades energéticas y su situación dentro de la casa. Pero hay que tener en cuenta que no todas las plantas son consideradas beneficiosas, este es el caso de los bonsáis, puesto que simbolizan una energía cuyo desarrollo fue atrofiado, y de las flores secas, ya que su *chi* está muerto.

También hay que recordar que todos los elementos vegetales deben estar bien cuidados, saludables y colocados de manera armoniosa.

No es nada aconsejable que crezcan de cualquier manera o que estén marchitas, ya que eso provoca una energía negativa para el entorno.

PAUTAS PARA ELEGIR LAS PLANTAS
SEGÚN SU ENERGÍA

Si son vigorosas, independientemente de que tengan flores o no, las plantas pueden activar energías si se colocan estratégicamente. Además, son capaces de filtrar e incluso rechazar las vibraciones negativas del entorno, y nos protegen de la contaminación, el ruido, el calor y la luz excesiva.

Si son grasas o carnosas resultan muy útiles para activar la energía de la abundancia, porque acumulan agua en sus raíces, tallo y hojas. En el caso de que tengan espinas, como algunos cactus, deberemos colocarlas en el exterior de la vivienda como protección, ya que despiertan el *chi* agresivo.

Si son colgantes, hay que evitar que se vean lánguidas, por lo que conviene podarlas y utilizar guías para que muestren un aspecto orguido y vigoroso.

Si son trepadoras, lo mejor es colocarlas en el exterior, procurando que no asfixien ninguna pared y que no tapen la luz del sol a otras plantas. Son preferibles las que tengan flores, como la buganvilia, el jazmín azul o la madreselva.

Si tienen hojas de forma redonda, ovalada o en corazón nos ayudarán a armonizar las estancias y nos proporcionarán buenas vibraciones.

Si, en cambio, tienen las hojas alargadas y acabadas en punta son perjudiciales porque producen energía negativa. Debemos ubicarlas fuera de casa y así desviaremos el mal *chi* que pueda llegar del exterior.

Si son aromáticas activarán el buen *chi* de la casa. En

el interior debemos optar por la menta, el cilandro o la albahaca, mientras que en el exterior es preferible colocar tomillo, romero, lavanda, orégano o salvia.

CONSEJOS PARA COLOCAR LAS PLANTAS POTENCIANDO SUS PROPIEDADES

El *Feng Shui* también da una serie de pautas que ayudan a optimizar los efectos energéticos de las plantas. Para ello tiene en cuenta el espacio, la orientación y la clase de energía que necesitemos generar.

Puerta de entrada. Conviene colocar dos macetas a ambos lados de la puerta con plantas de flores de colores y follaje saludable. Harán de filtro de la energía que traspase el umbral y, además, predispondrán positivamente a las personas que entren. Las más indicadas son las aromáticas, por ejemplo, la menta, y las protectoras como el lazo de amor. También hay que tener en cuenta que nunca deben cortar el paso.

Pasillo y recibidor. En este ambiente de tránsito que acostumbra a recibir poca luz, es aconsejable colocar especies indicadas para lugares con estas características, como helechos, filodendros o ficus. Además de aportar calidez, contribuyen a que la energía fluya. Es aconsejable situarlas a los dos lados del corredor en forma de zigzag, ya que de esta manera interrumpiremos el desplazamiento rápido que podría tomar ese flujo.

Sala de estar. En las orientaciones soleadas del norte y el noroeste debemos ubicar plantas resistentes como el pothos, el caladio, la planta de la moneda o el espatifilo. Estas especies aportan energía *yang* que es más dinámica y, por tanto, más adecuada para esta estancia de actividad social. En la orientación este, puesto que está vinculada a la familia y la salud, se aconseja colocar plantas como: la afelandra, que fortalece las relaciones familiares; la peperomia, que activa los sentimientos amorosos; la calatea, que favorece las relaciones; la begonia, que estimula el crecimiento personal; el crotón, que reduce los miedos, y la aralia o fatsia japónica, que favorece la salud.

Habitaciones. En estas estancias se recomienda no ubicar más de dos plantas y retirarlas antes de ir a dormir. El motivo es que durante la noche absorben el oxígeno del aire y emiten dióxido de carbono, lo que puede alterar nuestra salud y nuestro descanso.

Cocina. Aquí sí que son altamente recomendables para armonizar el ambiente y aumentar su energía *yang*, activa y cálida. Debemos escoger variedades que resistan el calor, como la violeta africana, aunque el pothos y la peperonia también se adaptan bien.

Baño. Para el *Feng Shui* esta es la estancia más negativa, motivo por el que es conveniente tener alguna planta, siempre y cuando esté ubicado en la orientación favorable. Deben ser plantas que se adapten a la humedad, como cañas de bambú, pothos y helechos.

Balcones y ventanas. Aquí las plantas también actúan como filtro de las energías provenientes del exterior. Además, proporcionan una visión acogedora y relajante al traer los beneficios de la naturaleza a la casa.

Armonizar nuestra casa con luz, color y vegetación

Como hemos explicado, que nuestro hogar esté bien iluminado por el sol contribuye a incrementar nuestro bienestar físico y nuestro estado anímico. Es vital, pues, disponer de accesos que permitan la entrada de luz natural a la vivienda, así como una distribución en la que esta pueda fluir libremente hasta el último rincón.

TRUCOS PARA ILUMINAR NUESTRA CASA O PISO

Instalar cerramientos de cristal en terrazas, balcones o porches. Además de ganar espacio, aportaremos mayor luz a la estancia donde se encuentren.

Evitar elementos opacos y oscuros como puertas y tabiques. Lo ideal es eliminarlos pero, si esto no es posible, podemos recurrir a paneles de vidrio, muretes traslúcidos, vigas, acristalamientos. Hay múltiples opciones en el mercado, solo se trata de encontrar la que más nos convenga.

Utilizar claraboyas en estancias interiores o bajo techo. Además de permitirnos ver el cielo, inundan el espacio de luz.

Imitar la luz natural. Si hay zonas en las que nos resulte imposible hacer llegar la claridad del sol, podemos utilizar iluminación que emule la luz solar. Siempre es mejor un espacio con luz, aunque no sea la del sol, que lleno de penumbras u oscuridad.

Usar colores claros y brillantes para decorar.

Puesto que reflejan la luz solar, contribuirán a dar mayor claridad a la casa.

Evitar cortinas tupidas. Aunque lo mejor es prescindir de persianas y cortinas, si queremos mantener la intimidad, lo más saludable es que estas últimas sean de tejidos ligeros y traslúcidos.

La luz del sol afecta a numerosos procesos biológicos humanos y su escasez puede producir cansancio, tristeza, apatía e incluso depresión. Por eso es importante que mantengamos una buena iluminación en casa.

También los colores ejercen una poderosa influencia sobre nuestro estado anímico. Además de reflejar nuestra personalidad, pueden activar o suavizar nuestras emociones. Por ese motivo, es importante definir las tonalidades que usaremos en nuestro hogar teniendo en cuenta nuestra forma de ser.

- Si somos nerviosos e inquietos, lo mejor será que nos inclinemos por colores como el azul o el verde, ya que propician la relajación y la serenidad.
- Si tenemos tendencia al pesimismo, lo más apropiado será rodearse de tonalidades alegres de amarillo, naranja y rojo, porque estimularán nuestra vitalidad y buen humor.
- Si somos personas equilibradas, podemos escoger colores suaves y cálidos que nos ayudarán a mantener nuestra paz interior.

Recuerda que los colores cálidos, como el rojo y el amarillo, son estimulantes, mientras que los fríos, como el azul y el verde, son relajantes. En términos generales, podemos dejarnos guiar por estos consejos:

- En el recibidor es recomendable usar el color azul, ya que combate los miedos y calma la mente.
- En los pasillos lo más aconsejable es utilizar tonos cálidos como el naranja, el amarillo y el rojo.
- En el comedor podemos combinar colores cálidos y fríos.
- En el salón es preferible que dominen las tonalidades cálidas.
- En los dormitorios es preferible que utilicemos tonos fríos o el blanco. Aunque en la habitación de matrimonio podemos usar algo de rojo para incrementar la pasión.
- En la cocina lo mejor es el blanco, aunque conviene combinarlo con algún color cálido para contrarrestar la sensación de soledad que puede provocar en exceso.
- El blanco es muy apropiado para todas aquellas estancias en las que queramos propiciar la calma y el equilibrio mental.

No debemos abusar de un único color en un ambiente, ya que puede provocar efectos negativos en nuestras emociones. Lo mejor es combinar el tono escogido con muebles y tejidos de diferente matiz o, incluso, dejar alguna pared en blanco.

Las plantas son el tercer gran aliado del que disponemos para convertir nuestro hogar en un auténtico paraíso donde sentirnos felices y saludables. Gracias a ellas, el aire de los distintos ambientes se purifica y refresca.

Según los expertos, tener plantas nos beneficia enormemente, ya que ejercen de purificadoras ambientales: filtran las sustancias tóxicas —hidrocarburos y metales— de nuestro entorno, reduciendo su impacto negativo en nuestra salud y en el medio ambiente.

Los aparatos electrónicos producen sonido ambiental y emiten ondas electromagnéticas que perturban nuestra tranquilidad. Rodearnos de plantas en el salón y el comedor, que es donde suelen estar ubicados, nos ayudará a mitigar sus efectos nocivos. Por otro lado, neutralizarán los elementos tóxicos que desprenden los barnices, lacas y pinturas de muebles, paredes, alfombras y moquetas.

Pero, además de su capacidad para contrarrestar el impacto de los agentes tóxicos, las plantas favorecen nuestra vitalidad e incrementan nuestra energía. Su presencia en la casa la hace más acogedora, aumentando nuestra sensación de bienestar. Incluso se cree que contribuyen en la recuperación de enfermedades como la ansiedad, el estrés y la depresión. Por si esto fuese poco, nos estimulan los sentidos gracias a su fragancia y su exuberante belleza.

En definitiva, se trata de incorporar elementos naturales como son la luz solar, la vegetación y los colores en nuestro hogar para, de este modo, potenciar nuestra conexión con el equilibrio que rige el universo. Así, al recuperar el vínculo perdido con esa armonía cósmica, notaremos como poco a poco nos vamos sintiendo mejor tanto física como anímicamente.

Recordemos que en la cultura oriental la naturaleza se halla presente en las diversas facetas de la vida y del arte. En la literatura japonesa, por ejemplo, la encontramos en los *haiku*, poemas breves influenciados por la filosofía *zen*. Mientras que en la arquitectura es fácil reconocerla en la armoniosa integración de los edificios en el ambiente que los rodea, de manera que se perciben como una continuidad de la naturaleza. Esa idea, la de reforzar la conexión con los elementos naturales, es la que debemos perseguir si queremos que nuestro hogar sea un verdadero paraíso.

Para vivir en un edén hemos de esforzarnos por fortalecer el vínculo con lo natural, y no hay mejor manera de hacerlo que integrar la claridad del sol, el colorido del arco iris y la viveza purificadora de las plantas en todas las estancias de nuestra casa.

Si en algún momento te desanimas al pensar que armonizar es una tarea demasiado laboriosa, piensa que se trata de cambios pequeños, pero constantes, que no te costarán demasiado. Y recuerda que, como dijo el maestro *zen* Shunryū Suzuki:

En la mente del principiante hay muchas posibilidades, pero en la del experto hay pocas.

7

Cómo desactivar hábitos negativos
dentro de nuestra vivienda, promoviendo los que nos procuran armonía

Muchas de las cosas que hacemos a lo largo del día fomentan costumbres nocivas para la paz en nuestro hogar. Pueden ser discusiones o actitudes que no tienen en cuenta la atención que precisa el lugar donde vivimos. Esto va generando una energía negativa que impide que nuestra casa sea el refugio donde encontrar calma y equilibrio. Además, interfiere en nuestros estados emocional, físico y mental, provocando un profundo malestar.

Para evitar que la negatividad influya en el ambiente que nos rodea, debemos fijarnos en las circunstancias que vivimos: si estamos alterados, si discutimos con frecuencia o si existe algún tipo de conflicto que nos bloquea, porque es posible que la vivienda absorba esas vibraciones negativas que producimos. La solución para erradicarlas es tomar conciencia de la situación y analizar todo lo que forma parte de nuestro entorno. Para ello nos será muy útil valernos de la meditación, ya que nos mostrará facetas de nuestra vida, pensamientos y relaciones que normalmente nos pasan desapercibidas y que podrían estar generando energía negativa.

De acuerdo con las enseñanzas del *Feng Shui*, un hogar problemático provoca desarmonía en sus habitantes. Suele tratarse de pisos o casas que emiten negatividad debido a un *chi* que se ha ido corrompiendo con el tiempo al no ser sanado en su momento. Los síntomas que provoca un espacio así son enfermedades, pérdidas económicas, malestar anímico y conflictos familiares, entre otros muchos. Puede ser que lo que produzca ese desequilibrio en la vivienda sea algún aspecto de la decoración o, quizá, la forma de vida que promueve.

Para combatir esa negatividad y esa falta de armonía, lo primero que hay que hacer es analizar la situación distanciándonos un poco, es decir, desde adentro hacia fuera. Así, al tomar perspectiva, nos resultará más fácil detectar que áreas de la casa, qué objetos o qué situaciones son las que desequilibran su energía y, una vez identificadas, podremos intervenir.

Es importante recordar que, según el *Feng Shui*, nuestro hogar es un ente vivo y, por lo tanto, debemos cuidarlo y nutrirlo adecuadamente para estimular el bienestar de quienes lo habitan.

Qué son las energías negativas y cómo protegernos de ellas

Según la cultura china, el *chi* tiene un opuesto al que denominan *sha-chi* y es su versión negativa, es decir, una energía nociva. Por decirlo de una manera divertida, sería como su gemelo perverso. Esta fuerza dañina actúa en el entorno y afecta a todos los seres vivos que lo habitan produciendo malestar y enfermedades. Es fácil reconocer su presencia, ya que los lugares invadidos por el *sha* nos resultan incómodos y muy desagradables, las plantas suelen marchitarse y los alimentos tienden a estropearse.

La aparición de esta energía negativa no es casual. Su origen puede deberse a diversos factores, tanto internos como externos. **En este sentido es importante recordar que nuestra vivienda absorbe la energía de las personas que la habitan y de aquellas que la visitan.**

El cansancio, las preocupaciones, los conflictos que podemos acarrear o que arrastran las personas que nos rodean, hacen que el ambiente se llene de vibraciones tóxicas. Del mismo modo, los objetos que guardamos y no utilizamos porque están rotos o nos hemos olvidado de ellos, generan una energía que se queda estancada y se nutre de los pensamientos y emociones negativas que flotan en el ambiente. Todo esto genera unas vibraciones muy dañinas que nos hacen sentir mal, cansados, a disgusto o enfadados. Y no solo eso, también afectan a nuestras mascotas, a las plantas y a los alimentos que vamos a consumir.

De acuerdo con los expertos en métodos de sanación

oriental, todo lo que existe está formado por energía que vibra a diferentes niveles. Para conseguir armonizar esta fuerza vital en las personas se utiliza el *reiki*, la meditación y la activación de *chakras*, entre otras técnicas. En el caso de la vivienda, se puede equilibrar mediante el ancestral método del *Feng Shui*. Además de este, las prácticas que hemos comentado en los primeros capítulos: el *Vastu Shastra*, el *Wabi-sabi* y los métodos *Konmari* y *Dan-sha-ri*, ofrecen valiosos consejos que nos ayudarán a armonizar nuestro hogar.

Si aplicamos adecuadamente las recomendaciones de estos sistemas, siempre teniendo en cuenta las características y necesidades de cada estancia, enseguida percibiremos que, además de equilibrio, habremos logrado eliminar cualquier mala vibración. Lo notaremos porque tendremos una clara sensación de limpieza y de armonía, lo que nos llevará a un cambio de actitud y a la mejora de nuestro estado anímico. Esta nueva conducta será, precisamente, la que mantenga la negatividad a raya, ya que las buenas emociones crean una barrera natural contra ella.

Para impedir que la energía negativa se instale en nuestro hogar hay que adoptar una actitud positiva y vital.

Las malas vibraciones tienen una estrecha relación con nuestro estado de ánimo. De la misma manera que la energía negativa afecta a nuestra situación anímica, sensaciones nocivas como la tristeza, el cansancio o la ansiedad, generan una vibración perjudicial para el ambiente y para otros seres vivos. Por ese motivo, es muy importante que nuestra actitud ante la vida sea lo más positiva posible. Para conseguirlo, podemos utilizar la meditación, técnicas de relajación, hacer deporte o tener aficiones que nos proporcionen felicidad y satisfacción. Como afirma un dicho zen:

Siempre mira las cosas desde el lado positivo;
si no lo hay, frota los lados oscuros hasta que brillen.

Cómo saber si nuestro hogar tiene malas vibraciones

Detectar si en una vivienda hay energía negativa no es muy difícil, es suficiente con que nos fijemos si en ella predominan sensaciones nocivas como la tristeza, la insatisfacción o el descontento. Como ya hemos dicho, las emociones de las personas influencian las vibraciones de su entorno, así que si en una vivienda se producen o se han producido actos desagradables, generarán energías muy nocivas que dejarán en el ambiente una impresión fácil de percibir.

Lo ideal sería identificarlas antes de que lleguen a afectar a sus habitantes, aunque, por desgracia, esto no siempre es posible. Sin embargo, la práctica habitual de la meditación u otras técnicas de entrenamiento mental pueden ayudarnos a estimular nuestra intuición, lo que facilitará nuestra capacidad para detectar cualquier tipo de vibración dañina.

Los motivos más comunes por los cuales un hogar puede llenarse de energía negativa son:

Violencia dentro de la vivienda. Discusiones fuertes y gritos frecuentes generan vibraciones muy nocivas para el ambiente.

Enfermedades largas. Los padecimientos experimentados durante largo tiempo por algún habitante de la casa cargan de negatividad la atmósfera.

Crímenes y delitos. El asesinato, el suicidio, la violación y el robo son actos terriblemente negativos que afectan al entorno.

Sufrimientos prolongados. La soledad, tristeza, melancolía, quejas y emociones similares que afectan a uno o todos los habitantes de la casa, generan muy malas vibraciones.

Fallecimientos. Las muertes producidas en el interior de las casas son una fuente de negatividad.

Práctica de magia negra. Métodos como la *ouija*, la hechicería o el satanismo, invocan energías muy nocivas.

Acumulación, desorden y suciedad. El hacinamiento de objetos durante largo tiempo carga la casa de vibraciones dañinas.

Visitantes mal dispuestos hacia nosotros. Los sentimientos de envidia, animadversión u odio de las personas que entran en nuestro hogar lo impregnan de negatividad.

La energía residual negativa suele acumularse durante años en ciertas estancias o en objetos que acaban ocasionando problemas a los habitantes de la casa. Sus malas vibraciones llegan a afectar a su salud, tanto física como anímica, y les provocan pesadillas, insomnio, alucinaciones o cambios de conducta que les llevan a discutir y a pelearse, hasta el punto de derivar en divorcios o, en los casos más extremos, en crímenes.

Para evitar que la energía negativa de nuestro hogar nos produzca dolencias, conflictos familiares o problemas económicos es muy importante mantener todas las estancias saneadas mediante la luz solar, el libre fluir del aire y el orden.

Los síntomas más frecuentes que nos alertan de la presencia de vibraciones nocivas en nuestro hogar son los siguientes:

Olor desagradable sin motivo aparente. En la casa puede percibirse siempre un hedor que no tiene ningún origen evidente.

Sensación de frío. Las estancias resultan muy difíciles de caldear y cuesta mucho retener el calor en ellas.

Problemas de insomnio. Los habitantes de la vivienda tienen dificultades para conciliar el sueño y a menudo se sienten cansados.

Plantas que enferman y animales inquietos o con dolencias. Las mascotas y las plantas del domicilio sufren enfermedades constantes y mucho malestar, a pesar de estar bien atendidos.

Padecimientos en los habitantes de la casa. Las personas se sienten deprimidas, angustiadas y nerviosas. Otro síntoma de malas vibraciones es que tengan dolores de cabeza o de espalda, y que enfermen muy a menudo.

Irritabilidad y tristeza. La conducta de las personas que habitan la casa es de disgusto, por lo que se producen peleas y discusiones con frecuencia.

Bebés y niños que lloran en exceso. Las criaturas de la casa se quejan, tienen pataletas y lloran sin estar enfermas ni incómodas.

Averías en los aparatos eléctricos. Los electrodomésticos se estropean a menudo, al igual que las lámparas, y los relojes se paran para volver a funcionar más adelante sin que nadie los haya arreglado.

Humedades y grietas. Las manchas de humedad y las grietas en las paredes son otro indicio de malas vibraciones.

Problemas económicos. Las dificultades para conseguir dinero o los gastos excesivos que pueden llevar a la familia a situaciones muy problemáticas también evidencian la presencia de energía negativa.

Si reconocemos una o varias de estas señales relacionadas con nuestro hogar, es el momento de ponerse manos a la obra para resolverlas. No solo porque de este modo conseguiremos una vivienda más agradable, sino porque estaremos favoreciendo nuestra salud física y anímica, así como la de nuestros familiares.

Objetos que debemos evitar para conseguir una casa con buena energía

Ya hemos comentado que las emociones negativas de las personas generan malas vibraciones que dejan una huella energética muy perjudicial en el ambiente. Pero además de esto, hay ciertos objetos y problemas estructurales que entorpecen el flujo de las buenas energías, provocando en nosotros estas sensaciones tan nocivas. Por eso, es muy importante fijarse en todo cuanto forma parte de nuestro hogar para detectar qué es lo que impide que el *chi* fluya libremente. Una vez identificados los problemas, nos resultará fácil solucionarlos y adecuar nuestra vivienda a la beneficiosa circulación de la energía positiva.

Según el *Feng Shui*, tanto la estructura de nuestra casa o piso como el entorno que lo rodea pueden estancar y corromper el *chi*, provocando la aparición de su opuesto, el indeseable *sha-chi*.

Aunque en la mayoría de casos resulta imposible hacer los cambios necesarios, ya que implicaría modificaciones estructurales irrealizables, sí que podemos solventar los errores de diseño y de construcción del edificio que habitamos, tomando ciertas medidas.

Estos son algunos de los problemas más habituales que puede tener nuestro hogar, así como las soluciones para minimizar su impacto.

PROXIMIDAD CON DESCAMPADOS, CEMENTERIOS, HOSPITALES Y COMISARÍAS

La cercanía con lugares que generan emociones negativas expone a la vivienda a sus malas vibraciones. Para evitar sus efectos, se recomienda proteger puertas y ventanas con espejos *pakua* o *bagua*, ya que devuelven la energía negativa a su origen. Hay que colocarlos siempre en el lado exterior: si se trata de una casa lo pondremos en la puerta de entrada, y si es un piso, en el balcón o en el alféizar de la ventana. Las plantas y la luz también son unos poderosos aliados para contrarrestar la negatividad que emanan esos edificios. Podemos protegernos con bambú, dracenas, menta y plantas con flores rojas y amarillas, así como con una buena iluminación en el exterior de nuestra vivienda, tanto durante el día como por la noche.

OPRESIÓN POR OTROS EDIFICIOS

Si nuestro piso está encajado entre dos construcciones, su energía se debilita debido a la presión que ejercen, que impide su movimiento. Para evitarlo, debemos instalar un sistema de iluminación en el exterior de nuestra vivienda que apunte hacia arriba o bien pintarla de colores que emitan energía *yang*, es decir, la relacionada con la actividad y el movimiento. Pueden ser rojos, ocres, naranjas o amarillos.

ENREDADERAS EN LAS PAREDES

Si los muros de un edificio están cubiertos de plantas trepadoras impiden su buen aireamiento, lo que puede provocar que su energía se asfixie. Para no tener que arrancar la planta, podemos limitarla a un pequeño sector y mantenerla siempre bien cuidada y podada.

Estructura irregular

El rectángulo o el cuadrado son las formas que se consideran menos adecuadas para el *Feng Shui*; por tanto, una vivienda que posea esta estructura puede propiciar malas relaciones familiares o problemas económicos. Para solucionarlo deben cerrarse esos ángulos colocando plantas o luces.

Tamaño de puertas y ventanas

Los accesos al hogar deben estar proporcionados, ya que es por ellos por donde entra la energía del exterior.

Así pues, una puerta de entrada demasiado pequeña puede limitar el flujo del *chi* que accede a la vivienda, mientras que si es muy grande podría hacer que esta energía se escapase con facilidad. Esta situación podría agravarse con ventanas demasiado grandes, ya que contribuirían a la fuga de las energías.

Hay que recordar que las puertas obstruidas producen bloqueos y que las que quedan enfrentadas aceleran el flujo de la energía. Por lo tanto, se aconseja agrandar la abertura en caso de puertas pequeñas, colocar plantas que no entorpezcan el paso, iluminarla bien durante la noche y pintarla en colores que activen el *chi*.

Las estancias a doble altura no favorecen la correcta distribución de la energía y, según cuales sean, pueden crear distintos problemas. Para evitarlo, se aconseja colocar una lámpara de sal, ya que, además de armonizar el entorno, limpia el ambiente de energías negativas.

Además de estas deficiencias estructurales, el *Feng Shui* alerta también de detalles de más fácil solución, aunque igualmente perjudiciales para una energía vital y sana. Se trata de los objetos, ya que, tal y como defiende esta técnica ancestral, absorben las vibraciones de las personas.

Cada uno de los elementos que conforman nuestro hogar posee una carga de energía compuesta por la energía del material del que está hecho y la absorbida de su entorno.

Teniendo en cuenta esta premisa, los objetos que debemos evitar si queremos mantener a raya la energía negativa son:

- **Flores marchitas, animales disecados y caracoles de mar.** Los seres vivos transmiten energía positiva, siempre que estén sanos, pero cuando enferman o mueren atraen el *sha*, que ya hemos dicho que es su opuesto. Las flores que se han marchitado o que están secas dejan de emitir buenas vibraciones, por lo que es aconsejable sustituirlas por otras que estén frescas. Algo parecido sucede con los animales e insectos disecados, cuyos cuerpos no pudieron volver a la naturaleza, ya que sufrieron la interrupción de su descomposición mediante un proceso artificial. Esto los carga de una energía muy negativa, como la de los caracoles de mar, que no son otra cosa que esqueletos con una elevada acumulación de energía estancada.

- **Objetos rotos.** Los platos y tazas desportillados, los vasos agrietados, así como cualquier adorno estropeado, han perdido su totalidad energética, por lo que lo mejor es no conservarlos y aún menos utilizarlos. Lo ideal es que todos los elementos de nuestra vivienda estén completos y en buen estado. Hay que tener especial cuidado con las fotografías, puesto que tienen relación con personas y momentos concretos de sus vidas. Para evitar que se carguen negativamente, debemos mantenerlas en las mejores condiciones, sin recortarlas ni estropearlas. Lo mismo ocurre con los espejos, que jamás debemos conservar rotos, ya que transmiten una energía muy dañina.

- **Imágenes violentas o tristes.** Los cuadros, fotografías, pósters, o cualquier otro soporte que represente imágenes de violencia, agresividad o tristeza propician sentimientos similares en el ambiente, cargándolos de energía negativa. Es el caso de pinturas o retratos de animales salvajes a punto de atacar, o fotografías de guerras y desastres. Por eso, debemos evitarlos a toda costa y sustituirlos por reproducciones que generen sentimientos de felicidad, armonía y calma, como paisajes naturales o personas y animales en actitudes placenteras y relajadas.

- **Antigüedades.** Hay que tener mucho cuidado con los objetos que heredamos o que nos regalan. Si nos sentimos obligados a conservarlos, a pesar de que no nos gusten, generan un sentimiento de apego, de tristeza o de nostalgia poco recomendable. Por otro lado, hay que tener en cuenta que contienen la energía de las personas que los poseyeron, la cual puede interferir con la de nuestro hogar.
- **Relojes sin batería.** Cuando estos instrumentos se detienen, hacen que su energía también se pare y se estanque, lo que puede influenciarnos en nuestro estado anímico. Para evitarlo, debemos procurar que todos nuestros relojes tengan pila y que funcionen adecuadamente.
- **Objetos puntiagudos.** Ya hemos mencionado que las formas más armoniosas para el Feng Shui son las redondeadas. Esto se debe a que considera que las puntas de los objetos emiten rayos agresivos de energía a los que denomina «flechas envenenadas». Por lo tanto, debemos tratar de suavizar al máximo los bordes afilados de nuestros muebles valiéndonos de telas: manteles para mesas cuadradas o rectangulares, tapetes para estanterías, *plaids* o mantitas para sofás, etc. En cuanto a las esquinas formadas por paredes o columnas, se pueden neutralizar colocando una mesita redonda, plantas frondosas, cortinas o cualquier otro elemento que neutralice esos rayos energéticos tan agresivos.

El biólogo celular estadounidense, Bruce Lipton, recoge en su libro *La biología de la creencia* la siguiente frase:

Hace miles de años, mucho antes de que los científicos occidentales descubrieran las leyes del universo cuántico, los asiáticos ya honraban a la energía como el factor principal de la salud y el bienestar.

Sigamos pues los consejos de aquellos que, hace miles de años, cuando la comunicación entre la naturaleza y el ser humano era más directa, se dieron cuenta del poderoso vínculo existente entre la energía del entorno y nuestra felicidad y vitalidad. Nuestro organismo lo agradecerá.

Consejos para mantener limpio el campo energético de nuestro hogar

Ya hemos visto lo relativamente fácil que es detectar las malas vibraciones en un ambiente. Además de las sensaciones de incomodidad que nos despiertan, tenemos indicadores muy claros como el desorden, las grietas, las manchas de humedad y el mal olor.

Si observamos que uno o algunos de estos síntomas afectan a nuestro hogar, pongámonos manos a la obra, puesto que, cuanto antes lo solucionemos, más rápidamente disfrutaremos de los beneficios de un hogar armónico y feliz.

Ante todo, es importante que nos enfrentemos a esta

tarea con la mejor disposición, porque, como ya hemos dicho, las emociones de las personas inciden en el campo energético de la casa.

PRIMEROS PASOS PARA EVITAR ENERGÍAS INDESEADAS

Deshacernos de nuestros miedos. Generalmente, la energía negativa surge de temores e inseguridades que solo pueden ser combatidos si los asumimos. Por tanto, debemos tomarnos el tiempo que sea necesario para identificar cuáles son nuestros miedos, de donde provienen y afrontarlos con determinación. El hecho de ser conscientes de ellos nos dará la fuerza necesaria para minimizar su negatividad y nos proporcionará una dosis extra de energía positiva.

Actitud optimista. Nuestra buena salud emocional y anímica depende de nuestro enfoque vital, que, a su vez, viene determinado por una mente positiva. Debemos trabajar desde la meditación nuestro control emocional para poder superar las emociones negativas y reforzar aquellas que nos aportan vitalidad. El ejercicio físico, la respiración y una alimentación saludable son, junto a la meditación, los mejores aliados para conseguirlo.

Una vez libres de tensiones y de miedos, con la mente enfocada hacia lo que deseamos conseguir, es el momento de ponernos manos a la obra para ordenar y limpiar nuestro hogar dejando vía libre a toda la energía beneficiosa que pueda circular por él.

- **Airear la casa.** Debemos abrir puertas y ventanas para ventilar los ambientes siempre que sea posible. El aire tiene que renovarse constantemente para favorecer la correcta circulación de la energía.

- **Baños de luz solar.** Como ya hemos comentado, los rayos del sol son muy beneficiosos para el organismo, pero, además, son purificadores del ambiente. Por eso, al igual que el aire, la luz del sol limpia energéticamente nuestro hogar. Así pues, recordemos descorrer las cortinas y subir las persianas para que la claridad solar inunde todas las estancias de la casa.

- **Orden y limpieza.** Debemos insistir en la necesidad de no acumular y de deshacerse de todo aquello que ya no utilizamos. Si queremos que la energía fluya en nuestra vivienda, debemos mantenerla ordenada, pulcra y bien organizada. Conservar objetos inútiles cuya energía está estancada impedirá que el campo energético de nuestro hogar se mantenga limpio. Y lo mismo ocurre si se llenan de polvo o si la basura y la suciedad se acumula en los rincones.

- **Plantas y frutas.** También hemos hablado ya de los numerosos beneficios que las plantas aportan a nuestro hogar. Además de purificar el aire, atraen las buenas vibraciones y nos protegen de las nocivas. Al igual que ellas, las frutas son unos poderosos aliados en la lucha contra la negatividad. Por eso se aconseja tener fruta fresca en la cocina o en el comedor.

- **Aromaterapia.** Los aceites esenciales extraídos de las plantas aromáticas son otros grandes purificadores del ambiente, por eso se han usado desde tiempos remotos. Estas esencias no solo contribuyen a depurar las malas energías del entorno, sino que nos ayudan en la meditación y en la concentración, facilitando nuestra armonía interna.
- **Incienso.** Esta preparación de resinas aromáticas vegetales se utiliza para eliminar la energía negativa del hogar, ya que se cree que es un imán para las buenas vibraciones. Lo cierto es que, al igual que los aceites esenciales, el incienso purifica el ambiente y propicia la concentración. Según el *Feng Shui*, el uso del incienso es muy eficaz en el saneamiento de los espacios, ya que representa la combinación de fuego y fragancia.

Recordemos siempre que la limpieza, el orden y una buena disposición anímica atraen la energía positiva a nuestro hogar.

8

Un balneario en casa.
El poder curativo del agua en nuestro espacio de intimidad

El agua es un elemento clave para la vida. Nuestro mundo está compuesto de esta sustancia, como evidencian los océanos que nos rodean o los ríos que fluyen en nuestros entornos naturales. Si hay agua hay vida, si se carece de ella aparece el desierto y las condiciones de vida más duras y extremas posibles. Además, un setenta por ciento de nuestro cuerpo está compuesto también por este elemento. Sin comida se puede aguantar un tiempo, sin agua la vida desaparece.

Los expertos recomiendan comenzar la jornada tomando un vaso de agua tibia y el chorrito de un limón para purificar el hígado y facilitar la digestión, aunque siempre, este tipo de ingestas es recomendable consultarlas con nuestro médico de cabecera, ya que cada cuerpo puede reaccionar de manera diferente.

Para fomentar una vida sin estrés y en buena forma física, se puede ir aumentando el consumo diario de agua. A este efecto, llevar una botella siempre encima permite no dispersarse e ir bebiendo de manera consciente. Los beneficios de este pequeño esfuerzo suelen ser muy buenos a corto plazo.

Pero no solamente podemos consumir agua ingiriéndola, hay otras formas de nuestra vida diaria en que podemos hacerlo de manera muy sencilla, en la ducha por ejemplo, o bañándonos. También la forma en que tomemos un baño se abre a muchas posibilidades y puede convertirse, además, en la excusa perfecta para crear el paraíso en el cual queremos convertir nuestro hogar.

Queda claro que después del aire, el agua es la sustancia más importante y clave para nuestra supervivencia. Normalmente, las grandes civilizaciones se construyen donde se encuentra el agua, ya que está intrínsecamente relacionada con la generación de las colectividades. Su aparente sencillez es directamente proporcional a su transcendencia en el devenir de todos los seres vivos.

En cualquiera de sus estados, el agua es imprescindible para el desarrollo de la vida. Ya sea en su forma líquida, cuando se convierte en hielo o en el estado vaporoso, los beneficios terapéuticos del agua para nuestro organismo son incuestionables.

La cultura del agua ya estaba implantada en las más antiguas civilizaciones, puesto que se asociaba a la limpieza del cuerpo y del alma. Muchos siglos después, el estrés de los tiempos modernos y el deseo de combatirlo para obtener una mayor calidad de vida, ha hecho que cada vez se valoren más los *spa*, lugares donde podemos relajarnos y cuidar nuestro cuerpo, favoreciendo, a la vez, el descanso de nuestra mente.

Estos centros de hidroterapia suelen ser establecimientos que ofrecen todo tipo de cuidados relacionados con el agua, aunque esta denominación se puede referir también a bañeras que proporcionan hidromasajes. Este nombre se dice que proviene del acrónimo de la locución latina «*salus per aquam*», que quiere decir «salud a través del agua», pero también se cree que puede provenir de la ciudad belga de Spa, famosa en tiempos romanos por sus baños termales.

En la actualidad, el desarrollo tecnológico y avanzado de nuestra sociedad está propiciando que podamos aplicar en casa las ventajas de los balnearios y, aunque no sea comparable, sí que existen muchas posibilidades a nuestro alcance. Simplemente hay que consultar con las personas especializadas en este ámbito y ver qué elementos podemos aplicar técnicamente en nuestro entorno. Así veremos lo fácil que resulta incorporar un espacio de hidroterapia con solo cambiar o introducir algunos pequeños aparatos en nuestra ducha. De este modo iremos avanzando hacia el *spa* doméstico, un lujo próximo y accesible a nuestras posibilidades.

Si queremos conseguir una mayor calidad en nuestras vidas, no podemos olvidarnos de la cultura del agua. Un mundo que nos conecta con la naturaleza, sana nuestro organismo y templa nuestras emociones.

De cómo conseguir que forme parte de nuestro devenir diario, hablaremos en este capítulo, en el cual recordaremos algunas cosas ya sabidas y esperamos descubrir otras completamente nuevas.

La necesidad de beber agua

Cuando nacemos, ya venimos de un mundo fluido, una premisa que nos determina. Al salir del vientre materno desconectamos del líquido amniótico y entramos de pleno en la dureza del mundo real, un espacio sólido en el que deberemos sobrevivir con todas nuestras fuerzas y en el que, la vida se encargará de demostrárnoslo, las cosas no van a sernos fáciles.

De esta desconexión primigenia nos quedará siempre un recuerdo de paraíso perdido. Quizá por esto mismo, cuando nos sumergimos en el agua, notamos una cierta sensación de paz, de volver a nuestro elemento primordial.

Sea como sea, el agua es la vida y una parte de nosotros pertenece a este entorno. Cuando la bebemos no somos conscientes de lo importante que es para nuestro organismo, cuando nos ascamos no pensamos lo difícil que sería hacerlo sin disponer de ella; o cuando nos relajamos bañándonos en un río, en el mar o en una piscina, es cuando recuperamos parcialmente la conexión con nuestros orígenes más elementales.

En gran parte somos agua, no debemos olvidarlo, y esto condiciona nuestra manera de vivir. Como recuerda el taoísmo, hay que ser flexible y duro como el agua.

El *Tao Te Ching*, atribuido a Lao Tse, es un libro que resiste al paso del tiempo porque nos habla de conceptos que trascienden el ser humano, de difícil comprensión racional, pero que pueden aplicarse a nuestra existencia con el objetivo de mejorarlas y hacerla más fluida y mejor.

Algunas de las perlas de sabiduría del *Tao Te Ching*, referentes al agua y sus beneficios espirituales, nos los dejan bien claro.

El mejor de los hombres es semejante al agua, la cual beneficia a todas las cosas sin ser contenida por ninguna. Fluye por lugares que otros desdeñan, dónde se acerca más deprisa al Tao...

Y todo un clásico que Bruce Lee, el actor y creador de un método de artes marciales célebre, *el Tao of Jeet Kune Do*, hizo, si cabe, más universal:

Lo blando vence a lo duro, lo que carece de forma penetra lo impenetrable, hay valor en no actuar...

La famosa expresión de Bruce Lee: «*Be water my friend*», se ha convertido en todo un referente generacional. Fue a finales de 2006 y durante 2007, cuando la frase se convirtió en todo un icono, un fenómeno social que calaría hondo en la juventud y que todavía se mantiene. Bruce Lee la dijo en su última entrevista televisiva, en 1971, antes de su muerte en 1973. Su popularidad, como tantas otras cosas en nuestra sociedad, vino en paralelo a partir de su utilización de la campaña publicitaria de BMW X3, de la mano de la agencia SCPF. Esta aseveración hace hincapié en el principio taoísta del *Wu wei* o principio de la acción natural no forzada del agua.

¿CUÁNDO NECESITAMOS EL AGUA?

Los expertos en el tema nos alertan de que, cuando nuestro cuerpo tiene necesidad de agua, no debemos hacer caso omiso de estos toques de atención. Damos por supuesto que el agua es algo que el cuerpo tiene de por sí o que no nos pasará nada si nos falta, pero la hidratación es siempre una cuestión prioritaria en nuestro orden de necesidades físicas:

- En verano es cuando más sudamos y, por lo tanto, tenemos más pérdida de agua. Aunque inconscientemente el calor nos lleva a buscar el preciado líquido elemento, nunca debemos bajar la guardia.
- Cuando hacemos ejercicio debemos cuidar la hidratación, el agua es nuestra compañera más indispensable en el esfuerzo.
- Si la orina tiene un tono oscuro pajizo que nos recuerda al limón, puede ser una señal de alerta de que nuestro cuerpo nos solicita agua. Aunque este consejo nunca debe substituir una visita al médico si creemos que no nos encontramos bien.
- Algunas otras señales de nuestro cuerpo pueden ser indicativas de la falta de agua: la piel seca, tendencia a padecer cálculos renales, el dolor en las articulaciones o de cabeza, el estreñimiento, la diarrea que nos obligará a restituir los líquidos que perdemos en el proceso

Beber dos litros de agua al día es una apuesta clara por nuestra salud y vitalidad.

Deportistas y actores, que están sometidos a una fuerte presión y que deben cuidar sus cuerpos, si cabe más que en otras profesiones menos exigentes, lo saben. Además de los beneficios para la piel, las personas con problemas digestivos, respiratorios y dolores de cabeza se beneficiarán de la ingesta de agua. ¡Alerta! Nos referimos al agua natural, sin gas.

Llevar siempre una pequeña botella de agua e ir rellenándola nos dará una medida diaria y consciente del líquido que ingerimos. Hay que beber agua, no cuentan otras bebidas como el café o el té.

Dónde ubicar nuestro balneario casero

Una vez conscientes de la importancia del agua para nuestro organismo, podemos empezar a plantearnos cómo incorporarla de manera terapéutica y relajante en nuestro hogar. El lugar más idóneo para el emplazamiento de un pequeño balneario en casa es, indudablemente, el baño, aunque no necesariamente ha de ser nuestra única opción. Dependiendo de cómo sea nuestra vivienda podremos decidir si es el lugar más idóneo. Si disponemos de una casa grande nos resultará fácil encontrar un área específica que acondicionar para dedicarla a nuestras actividades acuáticas.

Volviendo a la opción más plausible, hay que tener en cuenta que el cuarto de baño es una de las zonas que comparten todos los habitantes de la casa, aunque dentro de su privacidad. Se trata de un espacio para la intimidad, funcional y práctico, en el que debemos sentirnos lo suficientemente relajados cuando nos aseamos antes del descanso nocturno y cada mañana, antes de empezar nuestra actividad diaria.

El cuarto de baño es donde nos acicalamos y nos purificamos, por lo que bien puede convertirse en nuestro pequeño balneario.

LA INDEFECTIBLE MIRADA DEL EXPERTO

El agua es el elemento clave que hace que la ubicación de nuestro pequeño balneario sea, preferentemente, en el servicio. Debemos partir de esta premisa y ver qué opciones tenemos. Consultar a un experto en este campo se convierte, de entrada, en el primer punto de partida ya que son muchas las preguntas que se nos plantean:

- ¿Cómo podemos convertir nuestro baño en un espacio en el que ampliemos el campo de posibilidades curativas del agua?
- ¿Nuestras instalaciones disponen de la suficiente potencia en el flujo del líquido?
- ¿Se puede adaptar la ducha o la bañera para conseguir resultados más satisfactorios y saludables?

A estas cuestiones difícilmente podremos responder nosotros, puesto que probablemente no seamos expertos en el tema. Pedir un estudio adecuado antes de afrontar las reformas se convertirá, pues, en un paso muy necesario. Por otro lado, debemos tener presente que para conseguir nuestro objetivo deberemos realizar una inversión más o menos cuantiosa, dependiendo del proyecto que tengamos en mente. Pero los beneficios que nos reportará, una vez logrado nuestro propósito, darán por bien pagados los esfuerzos y el dinero que hayamos destinado.

CONSEJOS PARA MEJORAR NUESTRO CUARTO DE BAÑO

- **Colores.** El color blanco se asocia en nuestra cultura a la limpieza y a la claridad. Por este motivo es el más utilizado en los cuartos de baño. Esta opción seguramente sea la más adecuada, aunque darle un toque cálido tampoco está mal ya que los tonos beige, dorados, bronce o pastel ayudan a hacer más luminosa y grande la estancia. Podemos probar y experimentar con ellos, hasta encontrar la combinación perfecta que los equilibre con el blanco. Estos matices suaves contribuirán a que nos sintamos bien gracias a la sensación acogedora que despiertan.
- **Suelos.** El piso del aseo es un aspecto también muy importante. Por eso, en el momento de elegirlo debemos valorar un tipo de superficie que, aparte de gustarnos, favorezca el estado de relajación. Al igual que en el apartado anterior, lo ideal es combinar adecuadamente las tonalidades buscando aquellas que transmitan emociones positivas. En este sentido, podemos valernos de la cromoterapia y, de acuerdo con nuestros gustos, escoger los co-

lores más apropiados o un único tono. Puesto que la gama es muy amplia y heterodoxa, es aconsejable ver una simulación virtual y contrastarla con el tono de las paredes antes de hacer la obra.

- **Espejos.** Un elemento indispensable en nuestro baño es, sin duda, el espejo. No solamente se trata de un elemento funcional, para vernos reflejados con toda claridad, sino que permite que espacios pequeños se perciban mucho más grandes y espaciosos gracias al efecto óptico que produce. Es por eso que la decisión de cuál será el espejo y dónde lo pondremos es tan importante: porque alteraremos la construcción del espacio físico del lavabo. Así pues, tomémonos nuestro tiempo para pensarlo y evaluar cómo incide en el espacio en el que lo acabaremos colocando.

- **Accesorios y textiles.** Los objetos que encontramos en nuestro cuarto de baño son, ante todo, funcionales. Sin embargo, esto no debe estar reñido con el hecho de que sean, a la vez, divertidos o atractivos, y que, por encima de todo, induzcan en nuestro estado de ánimo buenas sintonías. Una vez más insistimos en la importancia del color, en el caso de los textiles, para potenciar las sensaciones de calidez, relajación y confort.

La ubicación de nuestro balneario en casa nos impulsa a trabajar en él, a diseñarlo y construirlo pieza a pieza, de manera que tenga la máxima funcionalidad y cumpla el objetivo de comodidad y armonía que nos hemos planteado.

El cuarto de baño es un espacio que debe estar siempre limpio y arreglado. No solamente para nosotros mismos, sino también para cualquier visitante que acuda a nuestro domicilio. Partiendo de esta premisa de limpieza y de orden, otro elemento que ayudará a convertir nuestro baño en un sitio más agradable, a la vez que contribuirá a su conversión en balneario y zona de relajación, es la posibilidad de decorarlo adecuadamente.

Los vinilos son un buen aliado en la decoración de nuestro aseo. Hay muchas opciones hoy en día y, por lo tanto, podemos escoger adecuadamente aquellas con las que nos sintamos más en línea, a la vez que dejarán en nuestros invitados la imagen de cómo cuidamos uno de nuestros entornos más preciados. Los expertos en decoración nos recuerdan que los vinilos decorativos los podemos colocar en las paredes, los espcjos e incluso en los muebles de baño.

Pensemos en qué material es el de cada mueble y preguntemos por la adherencia de los vinilos, para evitar posibles problemas técnicos a posteriori.

Se pueden encontrar vinilos a unos precios muy asequibles. A la vez, su aplicación es muy fácil y el resultado es óptimo y, en algunos casos, sorprendente.

Uno de los lugares donde se puede colocar el vinilo es en la parte exterior de la bañera. Las mamparas son otro espacio en el que podemos ubicar estos elementos decorativos. Lo ideal es escoger diseños que evoquen elementos naturales, como pueden ser dibujos vegetales o de inspiración marina.

En el caso del inodoro, también existen vinilos para tunearlos: desde los elementos más delicados hasta los más rompedores e informales. Todos ellos casan bien con este elemento sanitario, dándole un aire que lo integra a la perfección en el conjunto de piezas que adaptamos como parte de nuestro espacio de aseo y de relax.

Es importante no olvidar que el estilo decorativo es quien manda, aunque sea sometido a nuestros gustos, y que está al servicio de convertir nuestro baño en un espacio relajante y armonioso. De esta manera, iremos avanzando hacia el objetivo final de tener nuestro balneario privado.

LAS MÚLTIPLES POSIBILIDADES DE UNA CASA CON JARDÍN

Si disponemos de una vivienda amplia, con jardín o terraza, las opciones de crear un *spa* se multiplican exponencialmente. No podemos olvidar que tanto el espacio como la disponibilidad de recursos técnicos y económicos nos abren un amplio abanico con infinidad de alternativas. El único límite será nuestra imaginación.

Lo único a tener en cuenta en este caso será el hecho de que todas las transformaciones tecnológicas que hagamos nos obligarán a un mantenimiento, requisito indispensable en este tipo de equipamientos. La buena noticia es que habremos abierto la puerta grande a la cultura del agua, y a partir de aquí ya nada nos detendrá, una vez comprobados sus enormes beneficios.

Sean cuales sean las condiciones de nuestra vivien-

da, crear un balneario casero es posible. No renunciemos al placer que supone integrar los beneficios del agua en nuestra vida.

Cómo organizar nuestro pequeño espacio termal

Ahora que ya sabemos que no hay límites para convertir nuestro cuarto de baño en un balneario, es hora de ponerse manos a la obra. Antes de nada, es primordial que nos planteemos una serie de cuestiones básicas:

- ¿Qué cuarto de baño tengo ahora mismo?
- ¿Cómo puedo convertirlo en un balneario?
- ¿De qué recursos dispongo?
- ¿Dónde puedo encontrar ayuda profesional que me facilite el proceso?

Tras recopilar toda la información que precisamos, debemos partir de un proyecto que sea sostenible, teniendo en cuenta nuestras necesidades y que, además, sea fácil en su realización. Afrontar una obra de grandes dimensiones y no ser capaz de llevarla a cabo puede acabar convirtiendo en un infierno el planteamiento de conseguir nuestro idílico balneario doméstico. Recordemos lo que defiende la filosofía *kaizen* y el camino del mejoramiento continuo: pequeñas metas asumibles, continuadas y constantes.

Una vez que tengamos controlados todos los aspectos estructurales de nuestro pequeño balneario casero, se desplegará ante nosotros un microcosmos de pequeños detalles, que no por minúsculos debemos desestimar ni tampoco minimizar.

Ya hemos hablado de la relevancia de la organización en la vivienda. En el caso del cuarto de baño es, si cabe, aún más importante, puesto que se trata de un espacio que suele ser muy reducido. Por ese motivo, debemos razonar con meticulosidad qué objetos introduciremos en nuestro futuro balneario, teniendo siempre en cuenta la función que les vamos a dar.

Son muchos los elementos que pueden ayudarnos a poner orden en nuestro aseo, lo que facilitará que podamos destinar mayor espacio a convertirlo en nuestro balneario de proximidad.

HERRAMIENTAS ÚTILES PARA EL ORDEN DE NUESTRO SPA

- Barras clasificadoras y anaqueles para las paredes, que nos permitan optimizar todos los rincones posibles.
- Organizadores de pequeños utensilios de limpieza y de maquillaje.
- Estanterías para cepillos y dentífricos.
- Cestas: tienen muchas posibilidades en lo que se refiere a ordenar.
- Clasificadores y estanterías genéricas: hay un universo tan amplio como versátil.
- Organizadores para cajones.
- Portarrollos para el papel higiénico: desde el más

sencillo al más sofisticado y polivalente o de arriesgado diseño.

- Revisteros, para las publicaciones que, por mucho que nos digan que no es sano, siempre tenemos a mano cerca del inodoro.
- Porta toallas y toalleros.

Antes que nada, debemos ordenar nuestro baño. Una vez que hayamos reorganizado el espacio, podremos plantearnos cómo darle una utilidad de balneario.

IDEAS PARA GANAR ESPACIO Y HACER NUESTRO BAÑO MÁS PRÁCTICO

El baño es la habitación de la casa con más tránsito. Esto nos obliga a implantar un orden riguroso, puesto que cuantos más usuarios, más difícil será vencer al desorden natural.

Conviene insistir en la planificación, y es que es indispensable hacerlo. Dediquemos unos instantes a pensar qué muebles son los que más nos convienen, teniendo en cuenta no solo nuestras necesidades, sino también el espacio, ya que seguramente será reducido.

El orden en cajones y armarios es una prioridad. Empecemos por revisar si hemos seguido el más adecuado. Para ello debemos preguntarnos en primer lugar si cuando buscamos algo lo encontramos y, si no es así, hemos de solventar el problema reduciendo el desorden y organizándonos mejor.

Antes hemos hablado de elementos que pueden facilitarnos la reordenación del aseo. Existe todo un universo de cestas, organizadores, colgadores con ventosa para las toallas, etc., que pueden hacer nuestra vida y la de los nuestros más llevadera y más ágil, a la vez que nuestro lavabo será más práctico.

Los armarios son una de las claves. Debemos fijarnos en que no ocupen demasiado espacio y que tengan suficiente fondo y estanterías para dar cabida a nuestras necesidades de almacenamiento. Pero recordemos siempre que **los armarios no deben ser sitios donde se esconden las cosas, sino donde se encuentran a la primera.**

Los tendederos para la ropa pueden ser muy útiles, aunque debe buscarse la ubicación donde ocupen menos espacio, e incluso pensar en ellos como elementos ocasionales y móviles, no permanentes.

LA TECNOLOGÍA NO ES NUESTRA ENEMIGA

Finalmente, una vez puesto un poco de orden en nuestro baño, es importante acudir a la tecnología, que cada vez evoluciona más rápido y a mejores precios. Bañeras, grifos multifuncionales... Existe todo un universo tecnológico a nuestra disposición para facilitarnos la vida de maneras que aún no podemos ni imaginar. Por este motivo, es muy aconsejable que busquemos profesionales especializados en todo aquello que deseemos solucionar y que nos dejemos asesorar.

La pregunta clave que debemos hacernos es: **¿Cuáles son las opciones más ventajosas para convertir nuestra casa en un balneario?**

Una vez planteada, solo nos queda consultar a profesionales del sector y valorar, una vez que los hayamos escuchado, las opciones que nos ofrezcan. Llegado este punto, tras hacer espacio en el baño y lo decorarlo adecuadamente, debemos seguir fieles a nuestro propósito de convertir nuestro aseo en un *spa*.

Llegado el momento de realizar cambios técnicos en nuestro baño, no debemos asustarnos. Después de consultar a los profesionales del sector, veremos que las opciones que tenemos son muy variadas y asumibles.

Baños terapéuticos caseros

Los beneficios curativos que se consiguen con los baños son indiscutibles y provienen de tiempos antiguos. Ya sea acudiendo a un *spa* o simplemente preparándolos en casa, son muy saludables y contribuyen a mejorar nuestra calidad de vida. Desde el baño más básico, solo con agua y sin ningún planteamiento previo, hasta otros más sofisticados, como alternar la ducha fría con la caliente, se pueden encontrar un sinfín de opciones, a gusto de tantas personas como quieran realizar esta placentera y relajante actividad.

LOS BENEFICIOS DE BAÑARSE

El efecto de relajación que conlleva la inmersión en agua, además de impagable, es el primer beneficio que nos trae a nuestro cuerpo, mente y alma. Por eso es tan recomendable en personas que padecen estrés o ansiedad. Además, el ritmo que impone la vida diaria, y que nos deja bastante agotados, puede romperse al llegar a casa, después de una dura jornada laboral, con un buen y agradable baño. Algo que, como sabemos, puesto que casi todo el mundo lo hemos probado, no tiene precio.

Un baño, en su perspectiva más sencilla, o cuidado más al detalle, es ideal porque ayuda a oxigenar los tejidos, a la vez que contribuye al descanso general de todas las partes de nuestro cuerpo; como si una sombra invisible se posase sobre nosotros y nos aligerase del peso que minuto a minuto hemos ido incorporando durante la jornada diaria.

Si padecemos dolores en las articulaciones o en la musculatura, el efecto relajante del agua contribuirá de manera decisoria a la relajación del tono general de nuestro cuerpo. Por este y otros factores, la natación es uno de los deportes más recomendados y que mayores beneficios genera en la salud general del organismo.

Disfrutar de un baño relajante es acceder a un punto de quietud que favorece un estado de meditación. Es un billete para un viaje hacia la paz interior y, además, de muy fácil alcance.

UN BAÑO EN CASA, UN PLACER INIGUALABLE

Disfrutar de este goce es tan sencillo como llenar la bañera con agua caliente, a una altura prudente para que nos podamos sumergir y quedar bien cubiertos. Una vez instalados, podemos añadir sales de baño, poner música relajante y encender barras de incienso. Una ducha con agua templada para finalizar acabará de dejar nuestros poros limpios y oxigenados, y nos sentiremos como nuevos.

HAY TANTOS BAÑOS COMO BAÑISTAS POSIBLES.
ALGUNAS PROPUESTAS:

Terapéutico. Un baño curativo priorizará la mejora general de nuestro cuerpo. Según sea el problema que queramos afrontar, elegiremos complementarlo con unas esencias u otras. En el caso del reuma, los expertos recomiendan utilizar aceite de oliva, hojas de pino, menta, eucalipto y romero, entre otras opciones, para que el vapor purificador del agua haga el resto.

Regenerador. Con elementos tan naturales como el agua, la lavanda y la manzanilla, podemos prepararnos un baño regenerativo que favorecerá nuestro descanso.

Relajante. Baños de belleza o para dormir mejor, la variedad es muy amplia, tanto como los productos naturales que podemos utilizar para que, en el marco de un ambiente relajante, podamos acceder al paraíso a través del agua y las esencias.

Utilicemos la imaginación: ¿Qué productos pueden hacer nuestro baño más placentero? Sobre este tema hay mucho inventado y todavía mucho más por innovar.

LAS SALES, UN ALIADO MILAGROSO
PARA NUESTRO CUERPO

Cuando tomamos un baño de agua caliente se abren los poros de nuestra piel. Si, además, hemos puesto sales en el agua, el cuerpo absorbe los minerales y contribuye, de esta manera, a una regeneración tonificadora de nuestro cuerpo.

El efecto desintoxicante de un baño con sales es altamente reparador. Aumenta nuestra capacidad de relajación, por lo que, al estar más tranquilos, hallamos ese punto de quietud que nos permitirá un mayor equilibrio mental y emocional.

El agua es una excelente aliada para hacer desaparecer los dolores musculares. Nuestro cuerpo está expuesto diariamente a multitud de tensiones que lo van sobrecargando, y no hay mejor manera de deshacerse de ellas que darse un buen baño.

Según el tipo de sales que utilicemos se recargarán las baterías de nuestro cuerpo con minerales tan necesarios como, por ejemplo, el magnesio.

Aromaterapia y aceites esenciales

Aunque los baños públicos fueron inicialmente una respuesta a una necesidad de higiene colectiva, empezaron con un sentido elitista. Con el avance de la sociedad y la aparición de los aseos privados, estos fueron desapareciendo o quedando como puntos de encuentro y cuidado de la salud para una minoría.

India. Los primeros baños públicos se encuentran en la cultura del Valle del Indo.

Grecia. Los griegos eran partidarios de estos usos sociales, ya que hombres y mujeres se lavaban cerca de donde hacían ejercicio físico e intelectual. Los gimnasios incorporaban bañeras, y el baño se fue perfeccionando: de agua caliente, de vapor, etc.

Roma. Las termas públicas de los romanos son un claro precedente de centro acuático, paso previo a los actuales centros de hidroterapia.

Árabes. Los baños de la cultura árabe siguen siendo hoy en día un referente y un universo con reglas propias al servicio del cuerpo y de la salud. El *hamman*, bañó árabe o baño turco, es una modalidad de baño de vapor que se entrelaza con la sabiduría de las grandes civilizaciones, al cuidado de la limpieza del cuerpo y de la relajación.

Si siguiésemos analizando las grandes culturas, encontraríamos en todas ellas una intensa relación con el agua y sus propiedades relajantes y terapéuticas. Un placer inigualable y privilegiado que fue popularizándose hasta llegar a ser patrimonio de casi todos. Y si bien continúa habiendo quien opta por tirarse al río o a una acequia para refrescarse, las exquisiteces de un buen baño, combinadas con aromaterapia y aceites esenciales, por ejemplo, se han convertido hoy en día en un paraíso al alcance de muchos, no en un placer solamente para unos pocos.

La aromaterapia es una práctica muy antigua que ya se utilizaba en antiguas civilizaciones como la de los egipcios, los griegos y los romanos. Consiste en utilizar aceites esenciales, provenientes de plantas, para sanar y ayudar al cuerpo, la mente y las emociones a mantener la armonía.

Hoy en día, cada vez está más extendida en nuestra sociedad la creencia de que los aromas influyen en nuestros estados de ánimo. Los olores desagradables producen en nosotros efectos diferentes de aquellos otros que nos relajan, o inducen a comportamientos satisfactorios y positivos.

LOS AROMAS, UNA PUERTA ABIERTA A LAS SENSACIONES

La aromaterapia utiliza aceites que son esencias concentradas de plantas. Es fácil encontrarlos, aunque es muy recomendable mirar con qué ingredientes han sido elaborados; en este ámbito, como en todos, los productos naturales también pasan por delante de los artificiales.

Ya sea a través de un masaje, con un difusor que libere el aroma o encendiendo velas aromáticas, son muchas las maneras de utilizar la aromaterapia como aliada de nuestra salud y bienestar.

Insistimos en la conveniencia de informarse y, siempre que sea posible, ponerse en manos de un profesional para pedirle que nos explique las múltiples opciones que tenemos a nuestra disposición.

Ya sea por inhalación o a través de la piel, la aplicación de la aromaterapia nos ayuda a mejorar nuestro estado de ánimo, con efectos muy beneficiosos sobre nuestro sistema nervioso.

9

Materiales naturales
para una casa paradisíaca

Ya hemos señalado la importancia que tiene el vínculo con la naturaleza para propiciar nuestro equilibrio interior y, de este modo, lograr la armonía en nuestra casa. Rodearnos de materiales que tengan un origen natural, favorece ese contacto y esa unión con el entorno tan necesarios para conseguir la paz y sintonizar con el universo.

Este tipo de materiales usados en la construcción son los que no necesitan apenas transformación. Es el caso de la piedra, la madera, el barro o la paja, que han sido utilizados desde antiguo para construir casas. Hoy en día, sin embargo, las viviendas suelen estar edificadas sin tener en cuenta el entorno natural y con materiales que contienen sustancias tóxicas como la pintura, los barnices y el cemento.

No obstante, en la actualidad es posible construir pisos y casas saludables y sostenibles con materiales naturales, sin que ello represente un coste demasiado elevado. En cierto modo, se trata de regresar a tiempos pasados, cuando los habitáculos eran artesanales y se construían con piedra, madera y tierra de la zona, de manera que no alteraban el ecosistema.

Por eso, si hemos de comprar una casa o un apartamento, debemos elegir aquellos que se hayan construido de forma respetuosa con el medio ambiente y empleando materiales naturales. De hecho, numerosos arquitectos e ingenieros utilizan ya componentes hechos con elementos naturales como, por ejemplo, ladrillos compactos de adobe.

Como ya hemos ido explicando, son muchos los beneficios de interactuar con la naturaleza. Además de conectarnos con el presente, reafirma el vínculo que nos une al planeta y nos hace sentirnos vivos. Esa sensación es la que despierta el olor de la madera o el tacto de la piedra, algo muy similar a lo que sentimos cuando inspiramos el aroma de las plantas o acariciamos la corteza de un árbol. Por eso hemos de procurar rodearnos siempre de materiales naturales que nos transmitan esas respuestas sensoriales. Si lo hacemos, además de obtener confort, ganaremos en salud, ya que estos productos contienen muchas menos toxinas que los convencionales.

En la construcción de una vivienda pueden usarse una gran variedad de materiales, pero si nos ceñimos a la tradición, los más habituales y que se han venido utilizando desde hace siglos son los siguientes:

Piedra. Usada desde la prehistoria, puede emplearse tanto para cimentar la casa, como para hacer toda su estructura. Las más habituales suelen ser el granito, el mármol, la pizarra, la caliza y la arenisca. Las piedras de canteras, partidas y cortadas, se utilizan en la construcción de estructuras subterráneas, mientras que las areniscas y calizas se emplean en paredes y muros. Por su parte, el mármol y el granito son muy apropiados para escaleras y otros elementos del interior de la vivienda.

Bambú. Se trata de una planta muy resistente que se ha empleado desde la antigüedad en la construcción de viviendas y de muebles. Es muy utilizado en los lugares donde crece en cantidad suficiente, y se usa solo o combinado con otros materiales como la arcilla, la cal, la madera, el cemento o las hojas de palma. Si bien es cierto que el bambú forma parte de la tradición y la cultura de Oriente, también podemos encontrarlo en construcciones de países de Centroamérica y África. Entre sus mayores virtudes se encuentran la ligereza, la flexibilidad y la resistencia.

Madera. Este es otro excelente aislante natural que nos ayuda a reducir la energía necesaria para climatizar ambientes, así como para absorber los ruidos. Por ese motivo se ha usado desde tiempos remotos y sigue manteniendo su vigencia en la construcción. Esta materia prima tiene multitud de aplicaciones, y estéticamente la encontramos en formas y colores muy variados.

Adobe. La tierra es un elemento que existe en todo el mundo por lo que es una excelente idea usarla en la construcción. Los bloques de adobe pueden fabricarse con tierra compactada, arena, arcilla, grava, paja e incluso estiércol, dependiendo de la zona donde se elaboren. Al igual que la madera, es un buen aislante térmico y acústico.

Paja y palma. La construcción con paja se remonta a tiempos remotos. Durante siglos se ha utilizado en los techos de las viviendas, combinada con barro. Tanto la paja como la palma son habituales en regiones cálidas y húmedas. En los lugares fríos, en cambio, la paja se usa para construir paredes aislantes contra las bajas temperaturas.

En nuestra vivienda podemos incorporar diversos tipos de materiales de procedencia natural, para suavizar el uso de materias menos benignas que pudiese haber en su construcción. El abanico es amplio, ya que podemos recurrir tanto a la madera, como al corcho, la lana o el algodón producidos de manera sostenible y respetuosa con la naturaleza.

Es importante tener siempre presente que los materiales naturales nos conectan con el medio ambiente, crean espacios cálidos y estimulan la relajación.

Superficies naturales. Un mundo de texturas, colores y originalidad

Los elementos naturales aportan numerosas ventajas relacionadas con nuestro bienestar y nuestra salud pero, además, nos acercan al medio ambiente. Esto no solo refuerza nuestro vínculo con el planeta sino que, también, contribuye a reforzar la paz y la armonía que nos rodean.

En los siguientes apartados iremos enumerando los materiales que podemos incorporar a nuestro hogar, divididos en diferentes ámbitos según su uso. Este primero se refiere principalmente a las superficies que podemos encontrar en la cocina y en el baño. En el caso de esta última estancia, se suma el hecho de que es un ambiente fácilmente orientable hacia la naturaleza, debido a la presencia del agua y a la sensación de intimidad y de relax que proporciona. Puesto que ya hemos dado las pautas necesarias para hacer de este espacio un balneario casero, tomemos nota de los materiales naturales que pueden acrecentar la sensación de paz y relajación.

Madera. Si queremos crear un espacio acogedor y confortable, esta es la mejor opción. Además de adaptarse a cualquier estilo decorativo, combina muy bien con el resto de materiales naturales. Por otro lado, es muy resistente y duradera, a pesar de que se cree que es vulnerable a la humedad. Convenientemente tratada con barnices o resinas, la madera puede utilizarse en ambientes húmedos. Eso sí, estos productos deben ser naturales y no emitir gases tóxicos. En cuanto a los beneficios para nuestra salud, al ser un buen aislante acústico y térmico, favorece el descanso, protege del frío y del calor, y contribuye a crear ambientes cómodos, cálidos y relajantes.

Bambú. Esta planta se lamina en pequeñas tiras para formar tablas sólidas que se utilizan en todo tipo de superficies, ya sean techos, suelos, paredes, persianas, muebles u objetos decorativos. Su composición fibrosa le otorga gran resistencia y flexibilidad, por ese motivo se le conoce como el acero vegetal, ya que su dureza es comparable a la de este metal. Además, es resistente a la humedad y fácil de limpiar. Puesto que se trata de una herbácea, este material es sostenible, pues crece rápidamente y brota cada año incluso si se tala.

Mármol. Las superficies elaboradas a partir de esta roca aportan elegancia y sofisticación al ambiente. Al igual que la madera, se adapta a todos los estilos decorativos y puede combinarse con otros materiales, puesto que es muy versátil. Debido a su gran resistencia al calor y a las altas temperaturas, así como a las manchas y a los cortes, es muy aconsejable emplearlo en la cocina. Aunque su precio es elevado, se trata de un material muy duradero.

Granito. Aún más fuerte y resistente que el mármol, ya que procede de una roca ígnea, lo que le proporciona una gran dureza. Suele usarse como pavimento, aunque también se emplea en fachadas y para hacer baldosas. Sus múltiples acabados y colores lo hacen muy versátil en decoración. Además, no se raya, aguanta temperaturas muy elevadas y es fácil de limpiar. Al igual que el mármol, no es una opción económica, pero lo compensa su gran durabilidad.

Piedra natural. Otro material muy resistente y respetuoso con el medio ambiente. En la construcción se utiliza como pavimento o como revestimiento, aunque también para elaborar algunos accesorios. Del mismo modo que el mármol y el granito, tiene infinidad de acabados y colores, lo que evidencia su esencia natural y convierten cada pieza en algo único.

Como se puede ver, cada uno de estos materiales tiene sus propiedades específicas. Es tarea nuestra valorar cuál de ellos se ajusta más a nuestros requerimientos y, a partir de aquí, definir cómo y dónde emplearlos. Es recomendable que nos dejemos orientar por los expertos y, sobre todo, que nos informemos bien de la procedencia de aquel o aquellos que finalmente escojamos. Lo ideal es que sean de origen local, para minimizar el impacto ecológico que ocasiona el transporte de los materiales producidos en otros países.

Es importante tener en cuenta que utilizar materiales naturales no es algo que consista únicamente en añadir texturas y proporcionar belleza y confort.

Más allá de la apariencia y del diseño, hemos de considerar otros aspectos como la durabilidad, el mantenimiento y el contenido tóxico de cada material. Por este motivo debemos elegir materiales naturales que sean sostenibles y renovables para causar la mínima incidencia medioambiental posible.

Textiles, el alma de la naturaleza en nuestro hogar

Los tejidos de origen natural mantienen intacta la esencia de los materiales de donde proceden, los cuales tienen propiedades beneficiosas para nuestro organismo.

Conservan el calor, lo que favorece la creación de un ambiente agradable y reduce el gasto energético. Además, acumulan menor cantidad de ácaros, por lo que son muy indicados en caso de alergias o trastornos derivados de componentes químicos.

Conviene saber que la gran mayoría de la producción textil utiliza sustancias artificiales en su fabricación, por lo que pueden introducir algunas toxinas en nuestro hogar. Por eso hay que asegurarse de que los artículos confeccionados con fibras naturales no hayan recibido ningún tratamiento químico, lo que podemos averiguar consultando la etiqueta.

Las telas naturales, por el contrario, son mucho más saludables e igualmente decorativas, ya que aportan color y texturas a las estancias. Además, sirven como aislantes, puesto que reducen las fugas de calor de una habitación si se usan para cubrir las ventanas.

Los tejidos naturales se elaboran con fibras de origen vegetal o animal. Entre las primeras destacan el algodón, el lino y el cáñamo, y entre las segundas, la lana, la seda y el pelo.

EL ALGODÓN

Es la fibra natural más utilizada en todo el mundo y encabeza la industria del textil. Este tejido absorbe y libera rápidamente la humedad, lo que lo hace idóneo para climas cálidos. Además, resulta fácil de lavar. Su único inconveniente es que en su cultivo se emplean una gran cantidad de pesticidas, por eso es mejor recurrir al algodón orgánico que se cultiva en tierras libres de herbicidas, pesticidas y fertilizantes químicos sintéticos, y se produce sin usar productos químicos tóxicos. Es algo más caro, pero mucho más benigno para nuestra salud y para la del planeta.

EL LINO

El tallo de esta planta produce una fibra flexible y muy suave, conocida desde la antigüedad. Al igual que el algodón, absorbe y libera el agua con rapidez, lo que lo convierte en una tela muy cómoda en climas cálidos. Al ser transpirable, absorbente y fresco, el lino es idóneo para confeccionar sábanas y tejidos de verano.

Por su capacidad de absorción, también es muy indicado en la confección de toallas y trapos de cocina. Para todas aquellas personas que tengan la piel sensible o padezcan trastornos cutáneos es muy aconsejable, ya que sus fibras son capaces de eliminar la actividad de la microflora patógena. Su cultivo es muy sostenible, pues se aprovecha toda la planta, no solo el tallo, así que, además de tejidos, sirve para producir aceite y piensos ganaderos, entre otros.

EL CÁÑAMO

Al igual que el lino, también la planta del cáñamo se aprovecha por entero, lo que hace que su cultivo sea sostenible. Además, apenas requiere el uso de pesticidas. El tejido confeccionado con la fibra de esta planta es transpirable, ignífugo, resistente al moho y al desgaste, y ofrece una excelente protección contra la luz ultravioleta.

Aunque suele comercializarse en colores naturales, es fácil de teñir, ya que sus fibras porosas absorben el tinte con mucha facilidad. Suele usarse como sustituto del algodón, a pesar de que es más basto que este tejido, por lo que se combina con otras fibras naturales.

LA LANA

Las telas confeccionadas con esta fibra poseen un grosor mayor que otros textiles, por eso ofrecen un mejor aislamiento, además de elasticidad y durabilidad. Es perfecta para aislar buhardillas gracias a sus cualidades ignífugas. Por otro lado, al ser transpirable, no solo protegerá la vivienda del frío, sino que la refrescará cuando la temperatura exterior aumente.

Al igual que el algodón, es preferible utilizar lana orgánica, ya que es mucho más beneficiosa para nosotros y para el medio ambiente. Las ovejas de las que se extrae este tipo de lana pastan en tierras donde no se emplean sustancias químicas tóxicas y no se utilizan productos desinfectantes para bañarlas. Las telas elaboradas con este tipo de fibra natural y ecológica se ofrecen sin teñir, para evitar todo contacto con productos químicos y metales pesados. Así se mantiene la lana exenta de toxinas y en una bella gama de tonos naturales que van del gris, al negro, pasando por el crema y los marrones.

Hay que remarcar que los tejidos naturales u orgánicos no incorporan ningún componente que no sea de origen 100% natural y, por ese motivo, mantienen pura su esencia, su conexión con la naturaleza.

Paredes y suelos, una naturalidad envolvente

En este último apartado enumeraremos y daremos algunos detalles de los materiales naturales más usados en las superficies del suelo y los revestimientos de las paredes. Estos dos elementos representan un gran espacio en el conjunto de la vivienda, por lo que es importante valorar sus características, teniendo en cuenta nuestras necesidades y posibilidades. No hay que olvidar que no hay por qué inclinarse hacia una única opción, ya que todos ellos suelen ser perfectamente combinables, por lo que podemos valernos de la imaginación para diseñar el ámbito que más nos guste y convenga.

En el momento de elegir nuestros suelos, debemos saber que estos acostumbran a absorber o retener el calor del sol, algo muy útil en invierno, pero desaconsejable en verano. Por otro lado, el color y la textura del suelo también pueden influir en la iluminación, ya que algunos materiales proyectan la claridad solar. Por estos motivos, es muy conveniente valorar el tipo de material que escogeremos, teniendo en cuenta las peculiaridades de nuestra casa: si es muy luminosa y calurosa, o si es oscura y fría.

Estos son los materiales más aconsejables para las superficies del suelo:

Linóleo. Se fabrica a partir de materias primas naturales y renovables como el aceite de linaza, el polvo de corcho, la harina de madera y el lino, colocados sobre un soporte de fibra natural. Una vez pulido, tiene un acabado similar al corcho o a la madera. Al estar libre de componentes químicos artificiales cuida de nuestra salud, ya que mantiene a raya los niveles de toxinas y previene la propagación de microorganismos. Puesto que es una superficie suave y extremadamente duradera, su mantenimiento es sencillo, es muy fácil de limpiar y no retiene el polvo.

Madera. La variedad de este material es muy diversa, tanto en colores como en texturas, lo que lo dota de una gran belleza y versatilidad. Además, proporciona calidez al ambiente y estimula sensaciones de calma y bienestar. No obstante, en ocasiones los suelos de madera ya vienen lacados de fábrica, por lo que pueden contener elementos nocivos que contaminen el aire. Por eso debemos informarnos bien antes de comprarlos, y adquirir maderas sin tratar para aplicar nosotros el acabado con ceras y aceites naturales para muebles.

Bambú. Su dureza es mayor que la del roble, a pesar de ser un material extremadamente ligero. Además, es un excelente regulador térmico que ayuda a que la temperatura se mantenga cálida en invierno y fresca en verano. También es un buen aislante acústico y es antideslizante. Otra de sus ventajas es que el bambú resulta más económico que la madera noble, debido a su gran velocidad de crecimiento —crece mucho más deprisa que otras especies.

Corcho. Procede de la corteza del alcornoque. Entre sus múltiples cualidades destacan su ligereza, su elasticidad, su impermeabilidad y su durabilidad. Por si esto fuera poco, es un excelente aislante térmico y es muy fácil de limpiar. En cuanto a sus beneficios para la salud, tiene propiedades antialérgicas y repele los hongos y el moho.

Piedra. Aunque se asocie al exterior de las viviendas, la piedra cortada y pulida en forma de baldosas puede utilizarse también en el interior. El resultado será un suelo resistente y con carácter, que dará imagen de solidez. Las posibilidades son múltiples debido a la amplia gama de tonalidades de la piedra: negros, ocres, terrosos, verdes, etc. También sus texturas y sus diferentes acabados multiplican las opciones decorativas y de diseño. Por otro lado, al ser un material inerte, no produce toxinas ni libera metano, por lo que no es nada dañino para nuestra salud.

En lo que respecta a las paredes, los revestimientos realizados con materiales naturales nos conectan con el medio ambiente y con nuestra propia esencia. Además, proporcionan carácter a nuestro hogar gracias a sus texturas y colores.

Repasemos los más convenientes:

Pintura natural. A diferencia de las pinturas convencionales, que contienen sustancias nocivas y pueden desprender gases tóxicos, los componentes de este producto son totalmente naturales. En el mercado podemos encontrar todo tipo de pinturas ecológicas y naturales en un amplio abanico de colores. Al estar completamente libres de toxinas, no provocan ningún tipo de malestar, ni en las personas ni en los animales. Además, son muy duraderas y no huelen.

Papel pintado ecológico. Se confecciona con fibras procedentes en su mayoría de papel reciclado o de madera de origen certificado, y los tintes que se emplean son vegetales. Por tanto, es natural y muy saludable al no contener toxinas.

Revestimiento de madera. Son similares a los suelos de madera, la diferencia es que son más delgados (no han de soportar peso). Sus ventajas son las que proporciona este material natural: calidez, confort, belleza y resistencia.

También el bambú, la piedra y el corcho pueden revestir de naturaleza nuestras paredes. Basta con consultar a los profesionales para darse cuenta de que hay todo un mundo por descubrir.

10

Ideas para ayudarnos a crear un ambiente relajante y equilibrado

Si has llegado hasta aquí quiere decir que ya estás muy cerca de la meta. A estas alturas es posible que tu casa sea prácticamente un paraíso, porque el solo hecho de habértelo planteado ya ha contribuido a que avances hacia este objetivo. Por otro lado, juntos hemos hecho un recorrido por múltiples aspectos que te ayudarán a que lo consigas.

En este capítulo final te planteamos que cuides algunos pequeños grandes detalles que pueden hacer tu vida y la de los tuyos mucho más agradable.

Estos son solo algunos de los sencillos detalles que planteamos para hacer posible un ambiente más óptimo en tu entorno doméstico y personal. Además, son muy fáciles de conseguir y no implican costos excesivos.

Ahora bien, por mucho que cuidemos los detalles, no debemos olvidar que la casa somos nosotros y proyecta nuestros deseos, anhelos y preocupaciones. Por lo tanto, depende principalmente de nuestras acciones el que vivamos en un paraíso o no.

LA ACTITUD POSITIVA Y EL BUEN HUMOR, LAS CLAVES DEL ÉXITO PERSONAL

Una actitud adecuada siempre será el motor más potente para encontrase bien y enfrentarse a la multitud de retos que nos depara la vida, lo hemos repetido y volvemos a insistir. Por este motivo cualquier cambio que queramos hacer en nuestro entorno debe empezar por nosotros mismos. Este tiene que ser, indudablemente, el punto de partida.

Por otro lado, ante el objetivo de saber crear un ambiente que sea propicio para conseguir la relajación, hay algunos factores que influyen muy claramente:

- **El orden y el equilibrio.** Se consigue pensando en la funcionalidad de nuestras acciones, pero también aceptando un necesario toque original y creativo, en conexión con elementos de la naturaleza como pueden ser las plantas, por ejemplo. Ellas contribuyen a dar vida a nuestro entorno. Son compañeras silenciosas que nos reconectan con el mundo natural del que formamos parte, aunque a veces pueda parecer que lo hayamos olvidado.

- **La luz natural.** Saber darle el espacio necesario en nuestras vidas es muy importante, como hemos repetido en diversas ocasiones. El uso de persianas y cortinas contribuirá a que podamos dosificarla de la manera más adecuada.

Una actitud positiva, un ambiente ordenado y mucha luz solar son los cimientos sobre los que sustentaremos nuestro edén doméstico.

Música inspiradora

Las melodías pueden provocarnos estados de ánimo muy diversos, desde la alegría más intensa hasta la melancolía. ¿Cuál es el estilo que más nos gusta?

¿Qué estados de ánimo propicia en nosotros? Lo mejor que podemos hacer, antes que nada, es coger papel y un bolígrafo para elaborar una lista de la música con la que nos sentimos mejor. Definiremos nuestro estilo anotando cinco temas y al lado las emociones que brotan cuando los escuchamos. Este será un buen punto de partida.

En el paraíso en el que queremos convertir nuestro hogar debemos poder acceder a la música de manera fácil. Las nuevas tecnologías nos lo ponen mejor que nunca, ya que son muchas las opciones que nos pueden facilitar el contacto con la música desde cualquier punto de nuestra vivienda. Ya sea con aparatos sofisticados que permiten la máxima sonoridad, o a través de los *smartphone*, tablets y ordenadores, podemos tener toda la música que deseemos gracias a la red.

Precisamente, como hoy en día podemos acceder a una oferta musical de dimensiones colosales a través de Internet, es muy práctico que confeccionemos nuestra propia *playlist*, o lista de reproducción, con armonías inspiradoras. Aunque también podemos utilizar otros métodos, como preparar una colección de CD o de vinilos —si nos va más el estilo *vintage*—, grabar canciones en un USB o reproducirlas directamente utilizando los mecanismos que nos ofrece la red.

Las *playlist* son una colección de canciones que cualquier persona puede crear y compartir a través de ordenadores y reproductores de audio.

Gracias a Internet, con tan solo escribir el título de una lista de reproducción y una palabra o palabras relacionadas con el estado de ánimo o la actividad que queramos realizar, encontraremos la propuesta que buscamos. Es recomendable, aunque no indispensable, seleccionar qué plataforma digital queremos utilizar y, a partir de ahí, acceder a nuestra propia y personal selección de música. De hecho, somos nosotros quienes diseñamos la sintonía que queremos y, por otro lado, no ocupamos espacio en nuestra casa.

Los expertos en tendencias en el mundo de la música apuntan que, en los tiempos actuales, parece ser que los oyentes se apartan de las tiendas de descarga a favor de los servicios de *streaming*. En cualquier caso, se trata de todo un universo que avanza a velocidades que se escapan de nuestro control y no sabemos hacia dónde evolucionará en el futuro, aunque sí que queda claro que ya no es necesario tener en casa una colección de discos o CD a menos que lo hagamos porque sea una elección que hayamos tomado.

LOS BENEFICIOS DE LA MÚSICA PARA ENCONTRAR LA PAZ INTERIOR

- Cuando nuestra mente está muy confusa y sobrecargada, nos ayuda a conciliar el sueño.
- Nos proporciona un mayor bienestar general, modificando nuestro estado de ánimo.
- Es un reductor de estrés natural, no invasivo.
- La música es arte. Se ha creado para hacer nuestra vida más llevadera y para que accedamos a nobles verdades superiores que no entendemos, pero que nos transforman y nos hacen mejores.
- Genera un ambiente propicio a olvidar los problemas. Nuestra mente se deja llevar y nos olvidamos de lo que nos angustia.
- Contribuye a reducir el dolor, especialmente el crónico. Una buena sesión de gimnasia o de yoga, acompañada de música relajante durante toda la sesión, es una terapia con la que se consiguen grandes beneficios para la salud.

Una vez asumida la práctica de la meditación, la música nos ayudará a reconectar con ese estado de conciencia en el que nos regeneramos mientras recargamos las pilas.

Al margen de cuáles sean nuestros gustos musicales, existen unas melodías que contribuyen a relajarnos. Hay una gran oferta a nuestro alcance. Por eso, lo más importante es que seamos capaces de seleccionar aquellas canciones que nos ayudan a reconectarnos con nuestro espacio de paz interior. Entre las múltiples opciones musicales para relajarse encontramos el estilo *new age*, o música de la nueva era, el *chill out*, la música clásica, la africana, la *zen*, la celta e incluso el jazz. También existen innumerables grabaciones en las cuales se pueden escuchar ritmos naturales como el repiqueteo de la lluvia, el flujo de los ríos, la brisa del aire, el mar balanceándose o el hálito de los bosques.

Nada más tranquilizador que los sonidos de la naturaleza, ya sea en su estado original o a través de las grabaciones, para sosegar nuestro ánimo.

El mundo del incienso

La palabra «incienso» proviene de latín *insensum* y nos lleva al concepto de «encender». De hecho, esto es lo que hay que hacer con las barritas, encenderlas y dejar que mientras se consumen, en un lapso relativamente breve de tiempo, desprendan ese humo fragante que nos retrotrae a estados de conciencia en los que nos sentimos mucho mejor.

El incienso se puede utilizar con finalidades de carácter religioso —hasta hace poco, en términos generales, en occidente se asociaban a los ritos en las iglesias—, pero también terapéuticos —inhalarlo induce a estados de ánimo benignos— o simplemente estéticos, para eliminar olores molestos en la casa o conseguir un estado ambiental con un aroma específico en nuestro entorno.

Las sociedades orientales antiguas utilizaban el incienso con fines litúrgicos, como muchas otras culturas han interrelacionado el humo con sus ritos; en el chamanismo, por ejemplo, donde se cree que atrae a los espíritus. Y en los tiempos actuales es de uso común en el budismo o la Iglesia ortodoxa, entre otras confesiones cristianas.

El incienso se ha ido popularizando en los últimos tiempos y esta popularidad ha facilitado el hecho de poder encontrarlo en los comercios. Pero ya que existe una gran variedad, también hay que analizar cuál es el producto que más nos conviene y que cumple los estándares de calidad que precisamos. Por otro lado, también hay que ser extremadamente cuidadoso y buscar la excelencia en el producto para evitar posibles efectos nocivos para la salud.

El incienso es la forma más reconocida de comunicación olfativa, una manera universal de transmitir las más sutiles emociones.

Y es que los inciensos, según se dice, además de aromatizar nuestro ambiente, poseen propiedades para mejorar nuestra salud, atraer el dinero y el amor. Todo un universo de creencias que se asocian a rituales en los que es muy necesaria la convicción de que funcionarán. No hay motor anímico más fuerte que el de la fe, sin duda. Nuestras convicciones determinan en un grado muy amplio los resultados.

Si aceptamos las creencias populares, los inciensos, además de aromatizar nuestro ambiente, alteran nuestro ánimo hasta el punto de que pueden mejorar determinadas actitudes y acciones. En este sentido, es recomendable informarse de cuál es el más adecuado en cada caso, para aquel ámbito de nuestra vida que queremos reforzar.

Por otro lado, aunque por un tema práctico estamos acostumbrados a utilizar el incienso en barritas o conos, podemos encontrarlo en otros formatos, como los granos o el polvo. También debemos buscar marcas que nos garanticen la máxima pureza de los ingredientes.

Por lo que se refiere a cuándo es el mejor momento para quemar el incienso, también en la opinión de los especialistas en este tema, si lo que queremos es purificar una casa o nuestro lugar de trabajo, se recomiendan las primeras horas del día hasta el mediodía. Para las peticiones relacionadas con los sentimientos, son recomendables las horas de la noche. En el caso de las peticiones económicas, es bueno hacerlo desde el mediodía hasta la puesta del sol. Y para la salud, en cualquier momento.

SOPORTES O QUEMADORES DE INCIENSO

Tan importante como haber encontrado el aroma y las marcas de incienso que nos van mejor, es tener un buen soporte para quemarlo. Existe una gran variedad de soportes, quemadores de conos e incensarios, desde el más humilde, en formato horizontal y de madera, hasta los más sofisticados, hechos con figuras decorativas y espirituales de todo tipo. Todo un universo de posibilidades que nos permite escoger la opción que más nos guste.

El pequeño gran placer de los cojines

El sofá y los sillones son destacados elementos de descanso en la casa. La utilización de cojines, además de embellecer la decoración, aumenta el confort de estos muebles. Pero si, además, los dispersamos sobre una alfombra en un rincón, nos invitarán a utilizar el suelo como sitio de descanso. Y es que los cojines pueden convertir nuestro salón en un lugar que entrelace la funcionalidad con la estética.

Por otro lado, también sugerimos utilizar mantas y elementos textiles, que nos sirvan tanto para cubrirnos como para acrecentar la sensación de intimidad y calidez que nos hacen sentir tan a gusto.

No hace falta un cambio estructural de gran formato para renovar nuestro salón y convertirlo en un lugar más agradable y cómodo. La renovación de los cojines, las mantas y las cortinas, puede contribuir en gran manera a darle otra imagen.

El paraíso no está completo si falta un sofá con sus mullidos cojines.

Si encuentras algún cojín que destaque especialmente, piensa que atraerá la atención hacia él. Puede ser una forma de potenciar la distracción.

No pensemos en un entorno estático, sino en uno de

transformación. Si además vamos en línea con las estaciones, por ejemplo, puede ser una forma de reforzar nuestro vínculo con la naturaleza.

Cojines con mensajes personalizados. Esta puede ser una opción que nos permita diferenciarnos. Podemos consultar en sitios especializados y descubriremos una amplia gama de posibilidades.

Abrámonos a la opción de confeccionar nuestros propios cojines. Es una manera de potenciar nuestra creatividad. Solo necesitaremos tela, alfileres, hilo, cremalleras, máquina de coser y nuestra imaginación.

Podemos encontrar numerosos tutoriales en internet que nos ayudarán a confeccionar nuestros propios cojines. También podemos apuntarnos a un taller de costura donde nos enseñen a hacerlos.

El poder de las velas

Las velas servían antiguamente para iluminar. Llegó la electricidad y su papel energético quedó relegado. Pero nunca perdieron la capacidad espiritual que tiene la cera ardiendo, que se mantiene aún vigente.

En una cena romántica no pueden faltar unas velas adecuadas. La luz que nos dan contribuye a la intimidad. El olor que desprenden nos envuelve. De las velas más tradicionales a las perfumadas, constituyen un universo cargado de sugerentes propuestas. A la vez que nos traen beneficios para la salud, nos acercan a sensaciones y emociones muy diversas.

Dentro del entorno de la aromaterapia podemos encontrar velas con esencias cítricas que, entre otras cualidades, ayudan a calmar los nervios. La esencia de pino, por su parte, va bien para combatir el estrés y las consecuencias de los resfriados, mientras que la lavanda es muy utilizada desde antiguo para calmar el dolor. El eucalipto facilita la respiración, el limón ayuda a calmar los nervios, la citronela perfuma el ambiente y ahuyenta a los insectos, la canela estimula la mente, y el jazmín, además de ese olor tan característico que se impregna en la memoria, combate la depresión, entre otras muchas posibilidades.

Una vez más recomendamos usar productos naturales y no caer en la trampa de los olores con esencias artificiales. Debemos fijarnos en cómo se han elaborado las velas y confiar en marcas que detallen los productos que utilizan.

Sin el fuego las velas no se encenderían. Es otro elemento primordial y telúrico con el que entramos en contacto.

El uso del fuego implica un ritual de purificación. Por este motivo, cuando la vela arde también se contribuye a la limpieza del espacio en el que estamos, un proceso de saneamiento y a la vez de transformación en el que nos integramos.

Por otro lado, el uso de los colores en las velas se relaciona con una voluntad de energía espiritual, aunque este aspecto también está en conexión directa con la fuerza de nuestras creencias.

El color y el aroma se fusionan en estos elementos tan relajantes y evocadores que nos remiten a tiempos pasados y refuerzan nuestra esencia natural. Por ello, nunca deben faltar velas que iluminen y aromaticen nuestro preciado paraíso doméstico.

Y ahora que ya hemos terminado de escribir sobre las bases para construir el paraíso en casa, por favor, piensa en dejar siempre un pequeño paraíso donde quiera que vayas, respetando los hogares de los demás, así como los lugares públicos.

Bibliografía y fuentes *on-line*

BIBLIOGRAFÍA RECOMENDADA

Dan-sha-ri: ordena tu vida, de Hideko Yamashita. Planeta, 2016.

101 maneras de simplificar la vida. Cómo organizar mejor la mente, la salud, el hogar y las relaciones, de Suzannah Olivier. Amat Editorial, 2005.

El Feng Shui en la decoración, de Gina Lazenby. Blume, 2008.

Ideas prácticas para decorar tu hogar. Everest, 2003.

Urban eco chic, de Oliver Heath. Océano, 2008.

Serenar la mente. Una introducción a la meditación, de Alan Watts. RBA, 2000.

Historias de un practicante zen, en «4 grandes verdades».

El Dios de la Cocina, en la web de *Feng Shui*: «Cinco elementos».

Seis principios del vastu-shastra *para armonizar las energías de tu hogar*, en «El vaso medio lleno».

¿Qué es el Kaizen *y para qué sirve?*, por Marlon Melara. Kaizen *y las cinco «S»*, por Karla S. Almonte.

Un paso a la vez: cumple tus metas con el método Kaizen, por Marianne Díaz Hernández.

Kaizen*: mejora continua*, en «Ingeniería industrial *online*».

Nutrición holística, en «*Oh health coach*».

Los alimentos que favorecen la energía de tus distintos chakras y *Siete hierbas asociadas a la purificación de tus* chakras, en «Ecoosfera».

Dieta holística: alimento para el cuerpo y la mente, en «*Equilibrium* medicinal natural».

Infusiones para mejorar el sistema nervioso, en «Mejor con salud».

Propiedades de las infusiones ayurvédicas, por Aleix Cardona.

Historia del té, por Casa Asia.

La ceremonia del té chino: Gong Fu Cha, en «Aromas de té».

Cómo dormir mejor para aumentar nuestra calidad de vida, por Beatriz G. Portalatín.

La leyenda de los atrapasueños, por Raquel Aldana.

El curioso origen de los atrapasueños, en «Mejor con salud».

Chi kung: *fuente de juventud*, por Inma D. Alonso.

Relájate con el Chi kung *y sentirás una fuerza de juventud*, en «Expo beauty magazine».

Los tres tesoros que rodean el universo del Chi kung, por Yaiza Perera.

Reiki *doméstico: cómo limpiar la carga negativa de tu casa*, por Valeria García Testa.

¿Decorar el salón en solo ocho pasos? ¡Hecho!, por Meritxell Ribé.

15 trucos para decorar tu casa en clave zen, por Ana Morales.

Seis consejos para atraer la energía positiva en tu hogar, por Lucio Villegas.

Cinco plantas que promueven energía positiva en tu hogar, por Lucia Tornero.

La luz nocturna afecta al estado de ánimo, por Elena Sanz en «Muy interesante».

Cómo cambiar tu estado de ánimo inmediatamente usando los colores, por Ana Vico.

Conoce cómo los colores afectan al estado de ánimo, en «Mejor con salud».

Cromoterapia: cuando los colores «sanan», por Nadir Otermin Hamed.

Los efectos de la luz en el estado anímico, por Juan Luís Sánchez.

Las plantas, un aporte a tu salud y estado de ánimo, en «En plenitud».

La energía de los colores ayuda a vivir mejor, por Carolina Aubele.

Historia de la cromoterapia, en «El herbolario».

Psicología del color: significado y curiosidades de los colores, en «Psicología y mente».

Feng Shui*: cómo utilizar la energía de las plantas para armonizar*, por Patricia Traversa.

Feng Shui*: cómo atraer la energía positiva a tu hogar con plantas*, por Clara Martín.

Limpieza energética Feng Shui, por María Elena Gutiérrez.

Feng Shui*: limpia tu casa de energías negativas*, por Patricia Traversa.

Bañoterapia: beneficios, por Christian Pérez.

Tipos de materiales naturales para la construcción, por Luyz Guerrero.

¿Cómo sacar partido a tu salón? El sofá como pieza clave, por Sara Hormigo.

Colores y significados de las velas, por K. Laura Garcés G.

Nota importante

Si tienes problemas de salud debes consultar siempre con el médico antes de poner en práctica cualquier terapia.

También es aconsejable pedir asesoramiento a los profesionales de la sanidad en caso de dudas relacionadas con cuestiones médicas.

En cualquier actividad de la vida, el consejo de los profesionales especializados es la mejor guía que puedes tener.

Índice

Introducción: Nuestra casa es un reflejo de nosotros
mismos 9

1. Dime cómo vives y te diré quién eres: lo que nuestro
   hogar dice de nuestra personalidad 15
   El vínculo con la casa en el mundo oriental 17
   Los secretos que desvela la decoración de nuestra vivienda .. 22
   El significado del desorden y de la acumulación 26
   La meditación como herramienta para armonizar
   nuestro entorno 31
   Consejos para estar en armonía con nuestro hogar 35
   Diseños arquitectónicos que mejoran el estado anímico 40

2. Filosofía kaizen para cada habitación: cómo
   pequeños cambios pueden transformar por completo
   el ambiente para sentirnos mejor 47
   El mejoramiento continuo 50
   Aplicar las cinco «S»: 52

3. La cocina: el centro energético de la casa 57
   Dónde ubicarla y cómo decorarla 60
   Alimentación holística 63
   Alimentos y chakras 67

El *chi* de los alimentos 70

Infusiones para equilibrar la energía 73

El té, una forma de vida 80

4. El templo del descanso: cómo eliminar el estrés
   de nuestro dormitorio. Rituales placenteros
   para dormir mejor 87

   Armonizar el dormitorio 91

   Descanso energético, mental y emocional 95

   Los atrapasueños 98

   Equilibrar la mente para recuperar el sueño 101

   Pautas para mejorar el descanso 104

5. Cómo convertir el salón en un espacio de buenas
   reuniones, tranquilidad y concentración 109

   Decorar el espacio 113

   Sociabilidad y diálogo 116

   Activar la buena energía del salón 120

   El *chi* del salón. Cómo conseguir que tenga buena energía . 125

6. Belleza para el alma: cómo la luz, las plantas
   y los colores inciden en nuestro estado de ánimo 131

   La energía del color y el efecto que produce
   en nuestras emociones 133

   Cómo influye la luz en nuestro estado anímico 140

   Plantas que atraen energía positiva 143

   Armonizar nuestra casa con luz, color y vegetación 149

7. Cómo desactivar hábitos negativos dentro
   de nuestra vivienda, promoviendo los que nos
   procuran armonía 155

   Qué son las energías negativas y cómo protegernos
   de ellas 157

   Cómo saber si nuestro hogar tiene malas vibraciones 159

   Objetos que debemos evitar para conseguir una casa
   con buena energía 162

   Consejos para mantener limpio el campo energético
   de nuestro hogar 169

8. Un balneario en casa. El poder curativo del agua
   en nuestro espacio de intimidad 173
   La necesidad de beber agua 176
   Dónde ubicar nuestro balneario casero 179
   Cómo organizar nuestro pequeño espacio termal 185
   Baños terapéuticos caseros 189
   Aromaterapia y aceites esenciales 192

9. Materiales naturales para una casa paradisíaca 197
   Superficies naturales. Un mundo de texturas,
   colores y originalidad 200
   Textiles, el alma de la naturaleza en nuestro hogar 203
   Paredes y suelos, una naturalidad envolvente 207

10. Ideas para ayudarnos a crear un ambiente
    relajante y equilibrado 211
    Música inspiradora 213
    El mundo del incienso 216
    El pequeño gran placer de los cojines 219
    El poder de las velas 220

Bibliografía y fuentes *on-line* 223
Nota importante 227

El paraíso es tu casa de Diana Quan
se terminó de imprimir en febrero de 2018
en los talleres de
Litográfica Ingramex, S.A. de C.V.
Centeno 162-1, Col. Granjas Esmeralda, C.P. 09810,
Ciudad de México.